Mirjam Pressler

Nathan und seine Kinder

Die Seitenangaben beziehen sich auf die Taschenbuchausgabe Gulliver 1233

Mirjam Pressler
Nathan und seine Kinder
Beltz & Gelberg
Weinheim Basel, 2011

Im Roman haben sich zwei Namendreher eingeschlichen:
S. 122/6: es muss „Melek" heißen
S. 122/29: es muss „Melek" heißen
Stand: Ausgabe 5/2011

Zu beziehen über Krapp & Gutknecht GmbH
Bestell-Nr. tbNathan

Vorschlag: Kopieren und folieren – hilft beim Auffinden von Textstellen

Zeilen-Anzeiger
Mirjam Pressler, *Nathan und seine Kinder,* Roman, Beltz & Gelberg, Taschenbuchausgabe

30 29 28 27 26 25 24 23 22 21 20 19 18 17 16 15 14 13 12 11 10 9 8 7 6 5 4 3 2 1

Schülerarbeitsheft

Cornelia Zenner
Günter Krapp

Krapp & Gutknecht

Inhalt

Meine Leseerwartungen

Das Erste, was du von einem Buch wahrnimmst, ist nicht der Inhalt, sondern es sind der Titel und das Cover. Bevor du also in dem Buch blätterst, kannst du beschreiben, welche Erwartungen du an den Roman hast.

Trage hier Assoziationen zusammen, die der Romantitel „Nathan und seine Kinder“ bei dir erzeugen. Erläutere diese kurz.

Auch die Gestaltung eines Buchcovers spricht die Thematik des Buches an.

Ergänze stichpunktartig deine Gedanken zur Umschlagvorderseite.

Schrift ______________________________

____

Bild unten ______________________________

____

Bild oben rechts ______________________________

____

Der Klappentext ist ein Produkt der Werbeabteilung eines Verlages – er soll Erwartungen wecken und zum Kauf des Buches anregen. Manchmal verrät er schon zu viel, manchmal aber erfüllt er seinen Zweck sehr gut und weckt das Leseinteresse.

Welche Hinweise ergeben sich für dich aus dem Klappentext?

Nach der Erschließung des Romans kannst du entscheiden, ob Umschlag und Klappentext für deine Begriffe gut gelungen sind. Wenn du einen Alternativvorschlag hast, dann gestalte diesen – vielleicht kannst du ihn sogar dem Verlag vorstellen.

Jerusalem – die „Heilige Stadt“

Die Romanhandlung spielt in Jerusalem am Ausgang des 12. Jahrhunderts.
Seit Jahrtausenden ist Jerusalem ein Ort religiöser Verehrung. Das liegt in seiner Geschichte begründet. Aber die Stadt ist auch seit jeher umkämpft in Kriegen und immer wieder Streitpunkt religiöser Besitz- und Machtansprüche.

- Recherchiere selbst, warum Jerusalem das religiöse Zentrum der Welt sein soll. Erkunde dabei:
  1. Welche Religionen erheben Ansprüche auf Jerusalem und mit welchem Recht?
  2. Welche religiösen Stätten haben für die jeweiligen Religionen welche Bedeutung?
- Sammle diese Informationen auf einem gesonderten Blatt in einer Übersicht.
- Tauscht euch über eure Ergebnisse in der Klasse aus.

- Mache dir **während der Lektüre** selbst ein Bild von der Stadt Jerusalem und ihrer religiösen Bedeutung für Milliarden Gläubige auf der ganzen Welt. Notiere dir hierfür Beschreibungen der Stadt und einzelner Gebäude/Stätten sowie Anmerkungen aus der Sicht der Figuren auf den Seiten 16 und 17 des Schülerheftes. Ergänze diese durch deine Rechercheergebnisse.
- Gestalte dann jene Doppelseite mit deinen Erkenntnissen aus der Lektüre und den Unterrichtsgesprächen sowie unter Verwendung von Symbolen.

Der Brand im Hause Nathans

Kapitel 1–3 (S. 9–54)

Sommer des Jahres 1192 in Jerusalem

Der Brand in Nathans Haus ist gelöscht und die materiellen Schäden belaufen sich auf ein paar verkohlte Möbelstücke. Aber das Unglück hat bei den unmittelbar Betroffenen auch ideellen Schaden in verschiedener Hinsicht angerichtet.

Finde beim Lesen der Kapitel 1 bis 3 (S. 9–54) heraus, wie die beim Brand Anwesenden die Geschehnisse wahrgenommen haben. Auch Nichtanwesende beschäftigt der Brand. Welche Gedanken zu Rechas Rettung haben sie?

Geschem

… ein weißer Vogel

… ich habe meine Herrin nicht gerettet, ich habe versagt …

Daja

… ein Tempelritter

… ohne Recha hätte ich jedes Recht verloren, hier zu sein …

Elijahu

… Recha lebt!

… so hatte ich ihn nur einmal erlebt, damals …

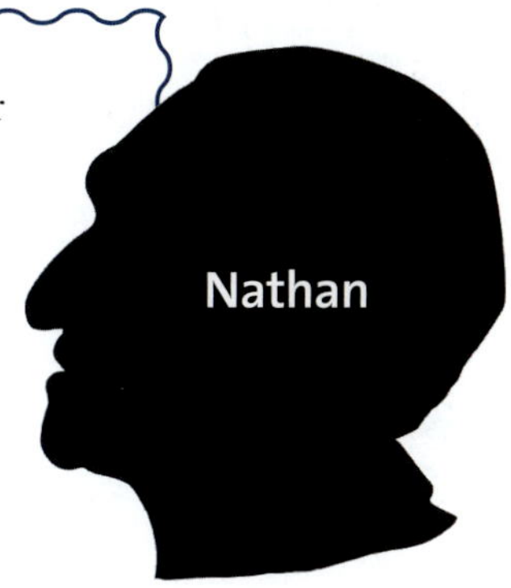

Wie erlebt Nathan, Rechas Vater, dieses Ereignis? Gehe dabei auch auf Gefühle und Gedanken ein. Du kannst selbst über die Perspektive entscheiden – entweder aus Nathans, aus deiner oder aus der einer anderen beteiligten Figur.

Die Erzähltechnik

Die Autorin hat für ihren Roman die Ich-Perspektive gewählt, allerdings wechselt diese von Figur zu Figur. Diese Vorgehensweise bietet verschiedene Möglichkeiten, eine hast du gerade selbst untersucht:
Ein und dasselbe Ereignis kann aus unterschiedlicher Perspektive wiedergegeben werden.

Was kann man mit der Ich-Perspektive und dem Perspektivwechsel noch gut darstellen bzw. herausarbeiten?

Erzähltechnik

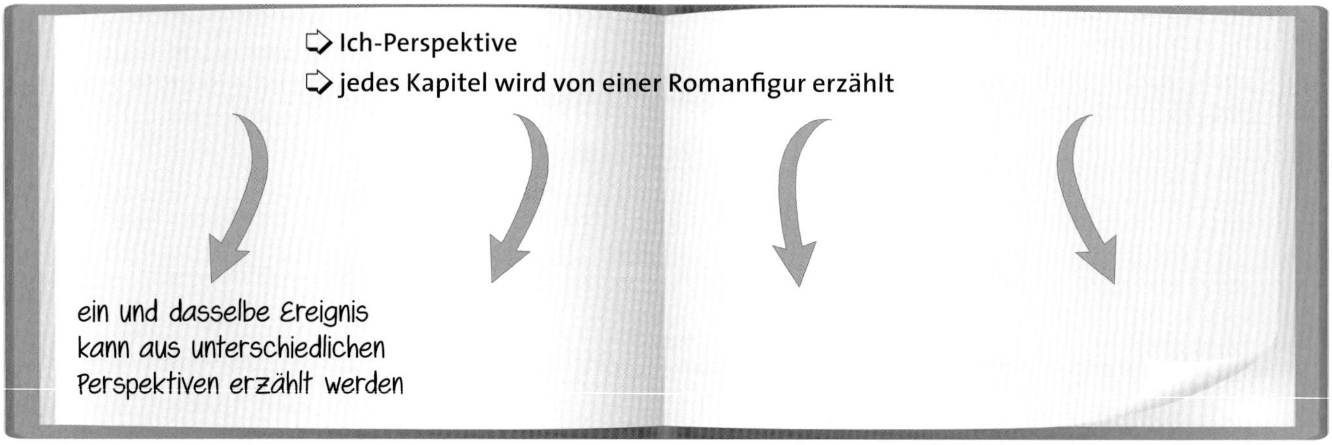

Wer ist Geschem?

Am Beispiel dieser Figur können wir in den ersten drei Kapiteln nachvollziehen, wie die Erzählperspektive in diesem Roman funktioniert.

Untersuche zunächst, aus welcher Perspektive wir welche Informationen über Geschem erhalten. Kreuze an.
Welcher Gesamteindruck von Geschems Figur entsteht so an dieser Stelle?

Informationen	Geschems Perspektive	Elijahus Perspektive	Gesamteindruck
Geschems Vergangenheit			Geschem kann oder will sich selbst nicht an seine schrecklichen Erlebnisse erinnern. Er überlebte einen Brand, der ihn aber seelisch und körperlich gezeichnet hat …
seine Ängste			
Erinnerungen an ein anderes Feuer			
Geschems Charakter			
Belastungen durch eigene Vergangenheit			
Äußerlichkeiten			
Auftreten			
seine Beziehung zu anderen Figuren			

Obwohl Nathan selbst nicht erzählt, erfahren wir auch etwas über seine Haltung gegenüber Geschem.

Finde drei wichtige Zitate Nathans, die sich auf Geschem beziehen, die aber auch auf alle Menschen zutreffen können, und notiere sie jeweils auf Kärtchen. Anschließend könnt ihr in der Klasse vergleichen und alle Zitate auf einer Pinnwand zusammenstellen.

Nathan: Zitat 1

Nathan: Zitat 2

Nathan: Zitat 3

Erzähltechnik – Erzählperspektive

Aus Nathans Perspektive ist kein Kapitel erzählt. Und das wird sich im gesamten Roman auch nicht ändern. Dennoch ist er die Titelfigur, und wir erfahren von anderen eine Menge über ihn, seine Gedanken und Ideen.

Untersuche anhand der ersten drei Kapitel, wie sich das Fehlen von Nathans eigener Perspektive auf die Darstellung seiner Figur auswirkt. Was erfährst du über ihn von wem? Was bleibt aber für den Leser auch verborgen? Orientiere dich an der Tabelle zur Darstellung von Geschem.

Daja	Elijahu	Verborgen bleibt ...

Halte beim Weiterlesen fest, welche Figuren nicht selbst erzählen. Hast du eine Erklärung dafür? Trage diese zu den Figuren jeweils ein.

Nicht erzählen ...

Nathan

Jeled – Geschem

„»Ich heiße Jeled«, sagte ich, »Junge.«“ (S. 20/13)

Dieser Satz kommt aus Geschems Mund wie selbstverständlich, für Nathan ist er unfassbar. Er weiß, dass es von großer Bedeutung ist, einen Namen zu tragen.

Stell dir vor, du hättest keinen Namen. Was würde das für dich bedeuten?

- ______
- ______
- ______
- ______
- ______
- ______

Auch in Sprichwörtern und Redewendungen wird dem Namen besondere Aufmerksamkeit gewidmet.

Finde die Bedeutung dieser Sprichwörter und Redewendungen heraus. Übertrage diese dann auf Geschems Leben und erkläre, welche Auswirkungen diese Namenlosigkeit auf sein Schicksal haben könnte.

Sprichwort	Bedeutung	Übertragung auf Geschem
In jemandes Namen		
Sich einen Namen machen		
Im Namen der Religion		
Das Kind beim Namen nennen		
Namen sind Schall und Rauch		
... was Rang und Namen hat		

Begründe, warum sich der „Junge“ selbst den Namen Geschem – „Regen“ – ausgesucht hat.

______

______

______

Einen Namen tragen

Nathan gibt Geschem sogar zwei Namen – einen jüdischen und einen muslimischen. Er soll sie verwenden, je nachdem, wer ihn danach fragt.

Wie findest du Nathans Vorgehensweise? Sammle Argumente, die dafür- und die dagegensprechen. Notiere sie auf Kärtchen. Heftet eure Kärtchen dann im Plenum an und versucht, sie zu sortieren; diskutiert dabei eure Standpunkte.

Geschem Ben Abraham	↔	Geschem Ibn Ibrahim

„Geschem Ibn Ibrahim" oder „Geschem Ben Abraham"?

Das Judentum, das Christentum und der Islam berufen sich auf Abraham (hebräisch *Avraham*, arabisch *Ibrāhīm:* „Vater der Völker"). Darum werden die drei Religionen auch als abrahamitische Religionen bezeichnet. Abraham ist im Tanach (Heilige Schrift des Judentums) bzw. im Alten Testament der Stammvater Israels. Da von Abrahams Sohn Ismael der Prophet des Islam, Mohammed (arabisch Muhammad) abstammen soll, berufen sich auch die Muslime auf ihn.

Stell dir vor, Nathan erzählt seinem Freund al-Hafi von Geschem nach dem Gespräch mit ihm. Was würde er al-Hafi sagen?

Themen des Romans

Bereits in den ersten drei Kapiteln werden die Spuren für die Themen, die sich durch den Roman ziehen und die die Figuren miteinander verbinden, gelegt. Diese Themen werden im Laufe der Erschließung erweitert und miteinander verknüpft.

Du findest hier verschiedene Symbole, die für einige Themen des Romans verwendet werden könnten. Versuche zunächst, diese Symbole aus deiner Sicht und mit deinem Wissen über die bisherige Romanhandlung zu deuten.

SYMBOL	 ◯	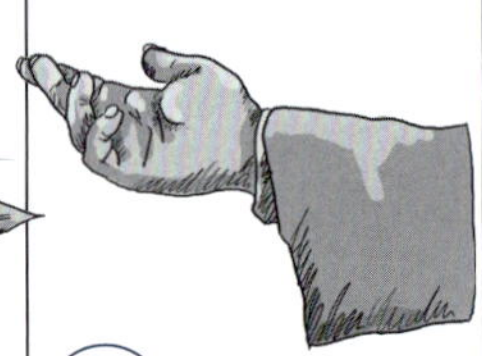 ◯	 ◯	 ◯	 ◯	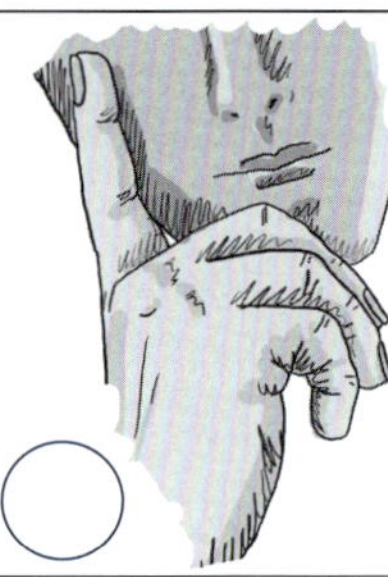 ◯
DEUTUNG	losgelöst von einem Halt ...					
TEXTSTELLE						
THEMA						

Die folgenden Zitate aus den ersten drei Kapiteln lassen sich thematisch den Symbolen und somit den Themen des Romans zuordnen. Trage die entsprechende Nummer ◯ ein.

① „»Es gibt keine Tempelritter mehr in Jerusalem.«“ (S. 14/23)

② „Der Gott der Juden liebt den Gerechten. Auch Allah, der Gott der Muslime, liebt ihn. Da fiel mir der Tempelritter ein, und ich dachte, bestimmt liebt auch der Gott der Christen den Gerechten.“ (S. 16/3–7)

③ „»Ich weiß nicht, wer ich bin.«“ (S. 20/21)

④ „»Gott möge es Elijahu und Zipora ins Buch des Lebens schreiben, was sie an dir getan haben«“ (S. 21/25–26)

⑤ „»[…], das höchste Ziel der Menschen muss die Vernunft sein.«“ (S. 48/13–14)

⑥ „Aber der Gedanke an das Feuer ließ mich nicht los, weckte andere Erinnerungen […]“ (S. 19/5–7)

- Versuche selbst jeweils eine weitere Textstelle aus den Kapiteln 1 bis 3 (S. 9–54) zu den Themen zu finden und notiere sie an entsprechender Stelle bei den Symbolen.
- Ordne nun die folgenden Begriffe den Symbolen zu (→ Spalte Thema).

Identitätssuche **Hilfe/Gutes tun** **Sieg der Vernunft** **Religion** **Tempelritter/Kreuzzüge** **Gewalt/Feuer**

Daja – Erzieherin und Gesellschafterin Rechas

Daja stammt aus Deutschland und ist mit Kreuzfahrern ins „Heilige Land“ gekommen. Welche Motive hatte sie dafür? Kreuze die richtige/n Antwort/en an.

- ❍ Daja folgt dem Aufruf der Prediger und will helfen, das „Heilige Land“ zu befreien.
- ❍ Daja sucht eine Gelegenheit, von ihrer Großmutter fortzukommen.
- ❍ Daja hat sich in Gisbert, den Bediensteten eines Ritters, verliebt und will bei ihm bleiben.
- ❍ Daja erhofft sich die Vergebung der Sünden und die ewige Seligkeit.
- ❍ Daja hat wie viele andere Sehnsucht nach Abenteuern, die sich in ihrem Dorf nicht bieten.
- ❍ Daja und viele andere erhoffen sich Reichtum, den sie in ihrer Heimat nicht erwerben könnten.
- ❍ Daja will ‚dazugehören‘, als viele begeistert dem Aufruf der Prediger folgen.

Entscheide für dich, welches wohl das ausschlaggebende Motiv für Daja war. Begründe.

Motiv: ______________________________

Begründung: ______________________________

____

____

Beginne an dieser Stelle einen Steckbrief für Daja. Im weiteren Verlauf der Handlung kannst du ihn vervollständigen.

Name: **Daja**

Alter:

Religion:

Wer mir am Herzen liegt und warum:

Wonach ich mich sehne:

Die wichtigsten Entscheidungen in meinem Leben:

Was ich bereue:

Warum nimmt Nathan Daja bei sich auf?

- ❍ Die Erziehung von einer Frau aus einem fremden Land tut der Bildung Rechas gut.
- ❍ Sie war zur richtigen Zeit am richtigen Ort, also Zufall.
- ❍ Sie ist keine Jüdin, sondern Christin.
- ❍ Nathan hatte Mitleid mit ihr.
- ❍ Nathan ist ein guter Mensch und hilft anderen, wann immer er es kann.

Lies die Seiten 38 bis 40, und du erfährst, wie Daja ihr Leben in Nathans Haus empfindet. Finde Adjektive, die ihr Leben hier beschreiben.

Kurz nach dem Brand ist Elijahu der Einzige, der Nathan beruhigen kann. Daja beobachtet diese Situation. Stell dir vor, Daja spricht anschließend mit Elijahu und möchte ihm danken. Was würde sie ihm sagen? Bedenke, dass Elijahu Daja einst etwas über Nathan anvertraut hat (S. 28).

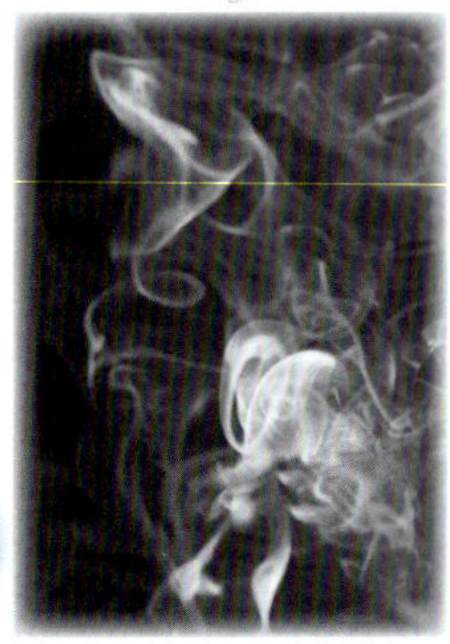

Auch für Elijahu fertigst du einen Steckbrief an, den du beim Weiterlesen erweitern musst.

Name: **Elijahu**

Alter:

Religion:

Was Nathan für mich bedeutet:

Wer mir am Herzen liegt und warum:

Meine Familie:

Was ich über ‚Familie' denke:

Mithilfe von Schreibaufgaben kannst du die Handlung, die Konflikte und vor allem die Figuren in ihrem Handeln, Denken und Empfinden erschließen. An dieser Musterschreibaufgabe wollen wir gemeinsam praktizieren, wie man bei Schreibaufgaben im Allgemeinen vorgeht.

Vortext

Nach den aufregenden Ereignissen um den Brand in Nathans Haus kommen Elijahu und Nathan ins Gespräch. Auslöser hierfür ist auch das Schicksal des Jungen Geschem, von dem Nathan zum ersten Mal erfährt. Am Ende des Gesprächs, quasi als Fazit, erschrickt Elijahu über Nathan, weil er seine Worte für sehr gefährlich hält:

Textstelle

„»Wenn Geschem nicht weiß, was er ist, kann er doch genauso gut ein Jude sein, wenn er das will. Schließlich sind wir alle Abrahams Kinder.« […] »Ich frage mich manchmal, was uns zu Menschen macht«, sagte er. »Gott ist unerreichbar, und wir können ihm nur dadurch nahe sein, dass wir seine Geschöpfe lieben. Das ist es, was er von uns fordert, und das ist es, was unserem Leben Sinn und Bedeutung gibt.«“ (S. 53/30 bis 54/5–10)

Aufgabe

Elijahu ist verwirrt, er macht sich selbst Gedanken über diese Frage. Dabei ruft er sich immer wieder ins Gedächtnis, was er über Nathan weiß, um zu ergründen, wie Nathan zu einer solchen Ansicht kommt und was er damit meint. Schreibe Elijahus Gedanken auf. Beziehe dabei die Geschehnisse und Informationen aus den ersten drei Kapiteln des Romans ein, lass ihn aber auch eine eigene Antwort auf Nathans Frage formulieren.

Vor dem Bearbeiten einer Schreibaufgabe ist es zunächst wichtig, alle Vorgaben zu erkennen, die beim Schreiben ihren Niederschlag finden müssen. Deshalb analysiere zunächst alle Bestandteile der Schreibaufgabe:

Vortext

- aufregende Ereignisse um den Brand in Nathans Haus → Situation der Gesprächsteilnehmer definieren; welche Dinge erscheinen nach einem solchen Ereignis wieder bzw. eigentlich bedeutsam?
- Schicksal von Geschem → kurz das Problem der Namensgebung umreißen
- erschrickt → warum?
- gefährlich → warum ist es gefährlich, in einer muslimischen Umgebung solche Worte zu sprechen?

Textstelle selbst und im Umfeld nachlesen; Situation klären; beteiligte/betroffene Figuren

Was würde das im Umkehrschluss bedeuten?

Wie kommt man eigentlich zu seiner Religion (Erziehung/Vorlieben …)?

zentrale Frage, die jeder Mensch auch für sich selbst beantworten muss, um danach sein Leben zu gestalten

Textstelle

„»Wenn Geschem nicht weiß, was er ist, kann er doch genauso gut ein Jude sein, wenn er das will. Schließlich sind wir alle Abrahams Kinder … Ich frage mich manchmal, was uns zu Menschen macht«, sagte er. »Gott ist unerreichbar und wir können ihm nur dadurch nahe sein, dass wir seine Geschöpfe lieben. Das ist es, was er von uns fordert, und das ist es, was unserem Leben Sinn und Bedeutung gibt.«“

Religionsregeln – Lebensregeln

Merkmal, das allen Religionen gleich ist und sie somit vereint?

In welcher Situation befindet sich der Verfasser zum Zeitpunkt des Schreibens? Was ist das Ziel des Schreibens? Welche Inhalte will der Verfasser weitergeben? Notiere deine Gedanken am besten in einer Mindmap.

Aufgabe

Elijahu ist verwirrt, er macht sich selbst Gedanken über diese Frage. Dabei ruft er sich immer wieder ins Gedächtnis, was er über Nathan weiß, um zu ergründen, wie Nathan zu einer solchen Ansicht kommt und was er damit meint. Schreibe Elijahus Gedanken auf. Beziehe dabei die Geschehnisse und Informationen aus den ersten drei Kapiteln des Romans ein, lass ihn aber auch eine eigene Antwort auf Nathans Frage formulieren.

- Gefühlslage von Elijahu verdeutlichen
- Frage: ‚Was macht uns Menschen aus?‘ – erläutern; Gedankenführung dazu
- die Person Nathans beleuchten in Verbindung mit seinen Ansichten
- Nathans Äußerung ausdeuten – aus Nathans Sicht, und auch eine eigene Interpretation Elijahus

Innerer Monolog in eine literarische Figur ‚hineinschlüpfen‘ und die Gedanken und Gefühle dieser Figur, die sie selbst nicht ausspricht, aufschreiben (eine Art Selbstgespräch)

Form: Ich-Form

Sprache: persönliche Gefühle, Gedanken (auch widersprüchliche) und Empfindungen nachvollziehbar gestalten; formulieren, wie es einem gerade einfällt; rhetorische Fragen; Wechsel zwischen Präteritum (Plusquamperfekt) und Präsens; Rückerinnerungen

Während des Lesens sollst du dir einen Überblick über die Handlung erarbeiten. Das ist nicht ganz einfach, da die Autorin aus der Perspektive der verschiedenen Figuren jeweils Rückblenden bzw. Erinnerungen einbaut.

Lege dir eine Kapitelübersicht nach folgendem Muster an:

- Inhaltsangabe nach Kapiteln in Stichpunkten oder in Sätzen
- Untergliederung in gegenwärtiges Geschehen und Rückblenden
- eigene Kapitelüberschrift dem Inhalt entsprechend
- Gestaltung mithilfe von Symbolen oder geeignetem Bildmaterial
- ein wesentliches/wichtiges Zitat, das stellvertretend für den Inhalt des Kapitels steht
- Benennung der Themen, die im Kapitel ihren Niederschlag finden (auch als Symbol möglich)
- Benennung von Beziehungen zwischen Figuren, die im Kapitel eine Rolle spielen – eventuell auch Kennzeichnung von Beziehungen dieser zueinander

Geschem

Kapitel 1 (S. 9–23) **Ich habe endlich einen Namen** (eigene Kapitelüberschrift)

Inhalt:

Gegenwart	Rückblende
Geschem, ein namenloser Waisenjunge, erwacht von Schreien und erkennt, dass es im Hause seines Herrn brennt. Er will helfen, die Tochter des Hauses zu retten, kann es aber nicht, weil er bewusstlos wird. Kurz zuvor nimmt er noch einen Fremden wahr, der in das brennende Haus eindringt. Er erkennt schemenhaft einen weißen Umhang mit großem, rotem Kreuz. …	Geschem erinnert das Feuer an ein anderes Feuer, das er erlebt hat und das entscheidend mit seinen Wunden zu tun hat. Elijahu hatte ihn vor über zwei Jahren im Winter schwer krank gefunden und in Nathans Haushalt gebracht.

Themen: Identitätssuche – der Mensch braucht einen Namen
Gewalt/Feuer

Beziehung: Geschem – Elijahu

Zitat Nathan: „»Aber egal, wer deine Eltern waren, ein Mensch braucht einen Namen.«“ (S. 22/11 – 13)

Deine eigenen Kapitelübersichten kannst du am Ende zu einem kleinen Büchlein heften und in dein Schülerheft legen. So hast du alle erarbeiteten Informationen beieinander und kannst sie für deine Schreibaufgaben nutzen.

Nachdem du die Kapitel 1 bis 3 erschlossen hast, wirst du den Roman zu Ende lesen. Auf den Seiten 15 bis 21 dieses Schülerheftes sollst du deine beim Weiterlesen herausgefundenen Informationen festhalten, die du dann zur vertiefenden Arbeit im Unterricht heranziehen kannst.

Das „Heilige Land“ – ein Land der Barbarei und des Todes?

„[...] in diesem Land, das man heilig nennt und das, wie ich erleben musste, ein Land der Barbarei und des Todes ist.“ (S. 67/10–11)

So bewertet der Tempelritter seine Situation in Jerusalem. Zeige, welche Erfahrungen ihn zu dieser Aussage führen. Vervollständige die Übersicht und prüfe, wo sein Urteil auch auf die Erlebnisse anderer Romanfiguren zutrifft.

Tempelritter	S. 67–75
Helmfried ...	

Dajas Kreuzzug von Gunzenhausen nach Jerusalem und zu Nathan	S. 29–40
ca. 1174–1178 Gisbert ...	

Nathan ... vor 18 Jahren (1174) in Gath

Recha

Geschem

Saladin

Sittah

Abu Hassan

Die religiöse Bede

Hier kannst du dir die religiöse Bedeutung der „Heiligen Stadt“ Jerusalem vor Augen führen. Trage Beschreibungen von wichtigen Stätten ein, ergänze Aussagen der Figuren dazu und formuliere am Ende selbst deinen Eindruck von dieser Stadt.

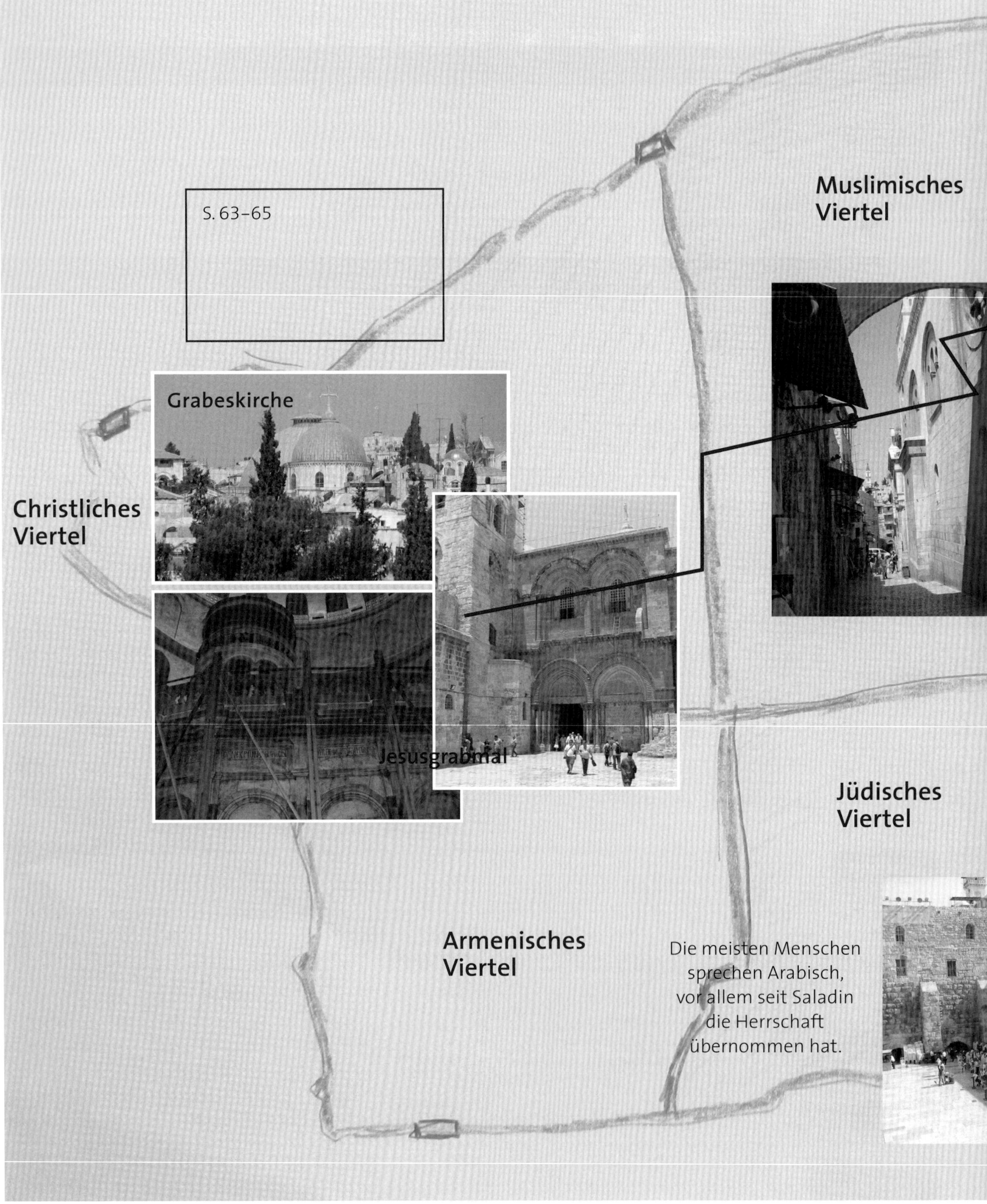

tung Jerusalems

S. 74

Kidrontal

Felsendom

Tempelberg

Al-Aqsa-Moschee

Ölberg

„Sogar die Natur hat hier etwas Gewaltiges und Grausames, lässt den Menschen hin- und herschwanken zwischen Erhabenheit und Abscheu, zwischen Anbetung und Verzweiflung.“
(S. 67/15 – 18)

Die Erzählerin schildert aus Sicht ihrer Figuren immer wieder die Natur, lässt sie die Stadt, den Markt mit allen Sinnen wahrnehmen. Hier sind zu einigen der Figuren solche Passagen wiedergegeben. Ergänze, zu welchen Figuren diese gehören und in welcher Situation sie sich befinden. Achte dabei auch auf deren Gefühlslage. Versuche zunächst deine Lösung, bevor du auf der angegebenen Seite nachliest.

„Wieder heulten unten im Tal die Schakale. Es klang so unheimlich durch die Nacht wie das Weinen toter Seelen.“ (S. 74/4 – 5)

„Meine Gedanken flossen ineinander, wie Bilder vor meinen Augen, Bilder, die ich, da war ich mir sicher, nie vergessen würde, Bilder von Felsen, Kakteen am Wegrand, vom schimmernden Band des Salzmeers […]“ (S. 197/16 – 20)

„Ich ging langsam durch die Straße, […] als könnte ich mich nicht sattsehen an der Schönheit meiner Heimatstadt, […]“ (S. 60/16 – 19)

Recha

Recha – auf dem Weg zu Lea, ihrer Freundin. Sie ist glücklich, verliebt in den „Engel“, den Tempelritter; sie denkt daran, dass ihre Freundinnen bereits verheiratet sind …

Im Kidrontal: „Aus einem zackigen Riss in der Erde ragte ein Grashalm […] Mit gemeinsamer Anstrengung zerrten sie [Ameisen] ihn heraus und schleppten ihn zu ihrem Bau […]“ (S. 209/11 – 15)

„[…] traf ich ein paar Knaben. Sie hatten einen Hund […] an einem Baum festgebunden und bewarfen ihn mit Steinen.“ (S. 188/15 – 17)

„Schon immer liebte ich den Markt, […] Ich liebe die Gerüche, […] berauschen wie Wein. […] Nichts bestärkt mich so sehr in der Überzeugung, in einer guten Welt zu leben, wie ein Gang zum Markt.“ (S. 168/20 – 169/5)

„Wir durften Ziegen streicheln, Küken füttern und auf Kamelen reiten […] Wir pflückten am Hang Blumen, […]“ (S. 118/15 – 22)

„Die Sonne brannte unbarmherzig vom Himmel, […] Bettler streckten ihre Hände nach mir aus, […]“ (S. 37/15 – 18)

Während der Lektüre – Wichtige Fragen und Entwicklungen

Während des Lesens sollst du die Hauptthemen des Romans, die Figuren und deren Entwicklung sowie zentrale Fragen im Auge behalten. Trage daher beim Lesen Notizen dazu ein.

1. Die folgenden Aussagen von Figuren aus dem Roman und wichtige Fragen ziehen sich wie ein roter Faden durch die Handlung. Notiere zu diesen Schwerpunkten wichtige Informationen. Die Textstellen sollen dir als Impulse helfen.

„»Ich frage mich manchmal, was uns zu Menschen macht«“ (S. 54/5–6)

Welche Figuren handeln aus deiner Sicht menschlich? Was tun sie?

„»Uns war nur wichtig, was für ein Mensch der andere ist, nicht, was ihn zu diesem Menschen gemacht hat.«“ (S. 89/17–19)

Halte fest, welche Figuren Freunde sind oder es im Verlauf der Handlung werden. Wodurch werden sie zu Freunden?

„Er zerriss seine Kleider, er reckte die Fäuste, verfluchte die Christen und schwor ihnen ewigen, unversöhnlichen Hass und blutige Rache.“ (S. 46/10 – 12)

Von wem werden die Begriffe „Hass“, „Gewalt“ und „Rache“ ausgesprochen oder gedacht? In welchem Zusammenhang passiert das?

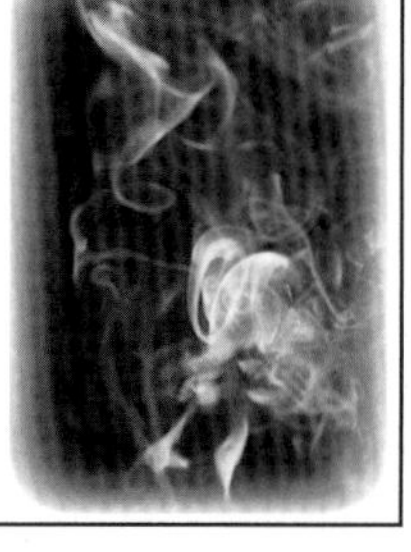

2. Im Verlauf der Handlung zeichnen sich Parallelen zwischen Figuren ab. Benenne diese und stelle sie kurz dar.

- ❍ Recha und Geschem ⟷ ______________________________
- ❍ Geschem und der Tempelritter ⟷ ______________________________
- ❍ Daja und Recha ⟷ ______________________________
- ❍ Elijahu und der Tempelritter ⟷ ______________________________
- ❍ Al-Hafi und Abu Hassan ⟷ ______________________________
- ❍ Nathan und der Tempelritter ⟷ ______________________________

3. Wenn du dich in eine Figur hineinversetzt, hast du eine andere Möglichkeit, dir Konflikte oder die Gedanken von Figuren zu erschließen. Das kannst du hier ausprobieren.

„Ich hatte mich vom Wind treiben lassen wie ein Blatt, das jemand achtlos vom Baum gerissen hat.“ (S. 68/2–3)

So denkt der Tempelritter nach der Errettung Rechas über seine Situation. Er merkt, dass er dem Patriarchen – was seine eigentliche Absicht gewesen ist – heute nicht mehr begegnen möchte. Hinter diesen Gedanken verstecken sich das bisherige Leben des Tempelritters sowie seine Beweggründe, nach Jerusalem zu kommen. Lies noch einmal S. 67 bis 85 und deute diesen Ausspruch. Erstelle hierzu zunächst eine Mindmap und formuliere anschließend die Gedanken des Tempelritters als **inneren Monolog** aus seiner Sicht.

Ein Blatt, das jemand achtlos vom Baum gerissen hat

- Familiengeschichte/Kindheit

Vom Wind treiben lassen

- Beweggründe, am Kreuzzug teilzunehmen

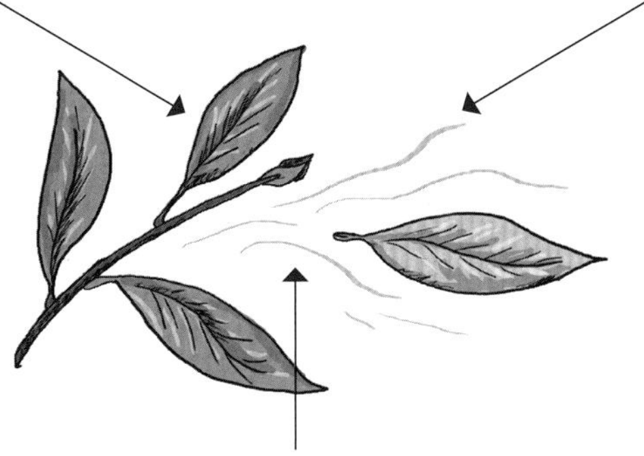

„Einer wie du …“

- ein namenloser Ritter, der nicht wusste, wer er war und wohin er gehörte (S. 76)

Nathan, den man „den Weisen“ nennt

Nathan verändert sich

1174 … vor 18 Jahren in Gath | **1192 in Jerusalem**

S. 45–48

Nathans Gefühle, Haltung?

Recha kommt ins Haus

Wie verändert sich Nathan?

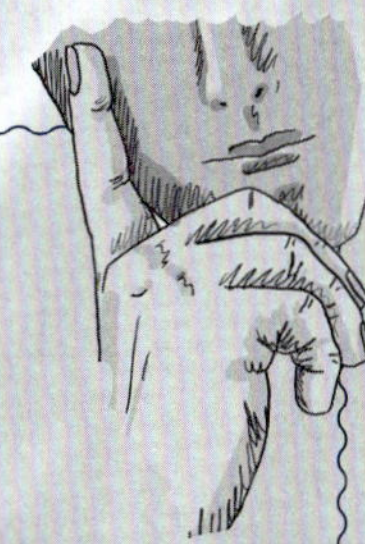

Nathan: „»Gott ist fern, aber die Menschen sind nah. […], das höchste Ziel der Menschen muss die Vernunft sein. Vernunft und die Liebe zu anderen Menschen.«“ (S. 48/12–14)

Nathan betont immer, dass nicht er sich so nennt, sondern dass er so bezeichnet wird. Überprüfe, ob das Urteil zutrifft. Lies dazu in den angegebenen Passagen aufmerksam nach.

Jeled-Geschem Kap. 1 (19–23)

Sultan Saladin Kap. 12 (156–166)

Recha Kap. 16 (230–248)

Al-Hafi Kap. 6 (86–98)

Tempelritter Kap. 7 (101–108)

Kapitel 1–3 (S. 9–54)

1174
So kam Recha in Nathans Haus:

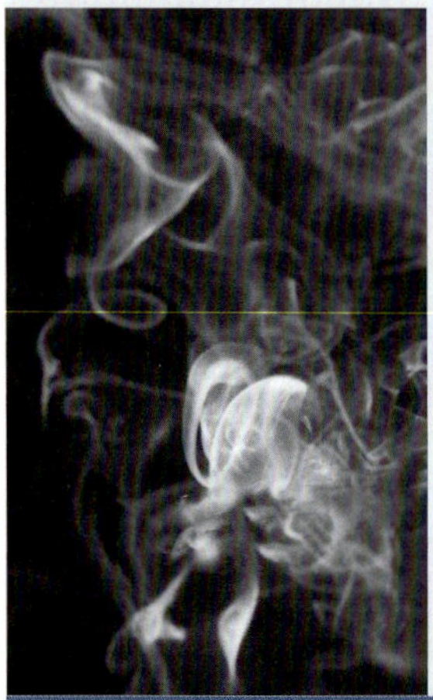

1178
Daja wird …

Kapitel 4 (S. 55–66)

1192
So erlebt Recha ihre Rettung:

Für sie ist der Tempelritter …

Charakterisiere Recha zu jeder der vier Spalten jeweils mit drei bis vier Adjektiven – so fasst du ihre Entwicklung zusammen.

In Träumen beschäftigen wir uns oft mit Erlebtem. Auch Recha träumt immer wieder. Deute ihre Träume, berücksichtige dabei auch die zukünftigen Ereignisse.

① „Im Traum halten Engel dem Menschen einen Spiegel vor, sie zeigen ihm, was er sich wünscht oder was ihm die Zukunft bringen wird. Im Traum verliert der Mensch oft seinen Stand in der Welt und dann ist das Aufwachen eine kleine Geburt. Im Traum schwebte ich als namenloses Geschöpf über unbekannte Weiten, verloren und ohne Ziel, und erst als ich morgens die Augen aufschlug, war ich wieder Recha, die Tochter des angesehenen Kaufmanns Nathan, den man in Jerusalem auch den Weisen nennt."

Recha, Kapitel 4 (S. 55/9 – 16)

Kapitel 8 (S. 109–119)

② „In meinem Traum stand ich auf einem Hügel in den Bergen von Judäa, […] im Wipfel über mir sang ein Vogel, […] und flog davon. Ich blickte ihm nach, […] Dann sah ich eine kleine, silberne Gazelle […], drehte sie sich um und verschwand in langen Sätzen im sandigen Dunst. Und dann sah ich ein Kamel, […] rannte es davon, bis es im sandigen Dunst verschwunden war. […] und da sah ich ihn. Er stand auf einem Felsen, […] Doch als ich auf ihn zulaufen wollte, versanken meine Füße im Sand, und er drehte sich um und schritt davon […]"

Recha, Kapitel 8 (S. 109/21 – 110/21)

eine Träumerin?

Kapitel 16 (S. 203–217)	Kapitel 18 (S. 230–248)

Kapitel 16 (S. 203–217)

Dajas ‚Verrat' und die Begegnung mit Geschem beschäftigen Recha sehr. Halte dies hier fest. Verwende dazu deine Einträge vom Arbeitsblatt ‚Recha und Geschem' von Seite 43.

Fasse hier die Ergebnisse vom Arbeitsblatt ‚Recha und Geschem' zusammen:

Hat sich Rechas erster Traum bewahrheitet?

Kapitel 18 (S. 230–248)

Auch hier werden wir an einen Traum Rechas erinnert: „Ich schaute ihm lange nach, bevor ich das Haus betrat. Mein Haus. Die ersten Schritte in eine unbekannte Zukunft."

Recha, Kapitel 18 (S. 247/23–25)

Was wird aus Rechas Verliebtsein in den Tempelritter?

Recha hat sich bereits einige Gedanken über die Zukunft gemacht. Halte diese fest und ergänze sie aus ihrer Sicht.

Zukunft

Kapitel 12 (S. 154–166)

Ergänze den folgenden Lückentext, der Angaben zur Herkunft und Motivation des Tempelritters enthält, am Kreuzzug nach Jerusalem teilzunehmen. Die fehlenden Wörter kannst du herausfinden, indem du das Gitterrätsel löst. Wenn du die Buchstaben in den dunklen Feldern richtig zusammensetzt, dann erhältst du ein Lösungswort.

Während seiner ganzen Kindheit spürt der Tempelritter, [1] ____________ von [2] ____________, dass er [3] ____________ ist. Auch bekommt er es von verschiedenen Seiten gesagt: [4] „____________ wie [5] ____________“. Die Wahrheit über seine [6] ____________, die ihm sein Onkel, den er bis dahin als seinen [7] ____________ angesehen hatte, war schmerzlich, aber dennoch nicht ganz [8] ____________. Sein leiblicher Vater sei schon vor seiner Geburt ins [9] ____________ [10] ____________ gezogen und seine Mutter sei ihm gefolgt. Sein richtiger Name ist [11] ____________ von [12] ____________, aber im ganzen Reich kenne man einen solchen Namen nicht. Diese Wahrheit stürzt ihn noch tiefer in die [13] ____________, die ihn schon ein ganzes [14] ____________ lang begleitet hat. Wahrscheinlich war das auch der Grund, warum er sich so [15] ____________ dazu [16] ____________ ließ, sich den Kreuzfahrern anzuschließen. Er wollte weg von der [17] ____________ Stauffen, sein altes Leben [18] ____________ [19] ____________ lassen und seine ‚Familie‘, in der er sich immer [20] ____________ gefühlt hatte. [21] ____________ zogen durchs Land und versprachen [22] ____________ Lohn und irdische [23] ____________, wenn man bereit war, die Stadt [24] ____________ und das [25] ____________ des Herrn zurückzuerobern. Wahrscheinlich wollte er sich und seiner ‚Familie‘ beweisen, dass einer wie er auch etwas [26] ____________ kann. Schließlich hatte man ihm immer gesagt, dass er sich weit mehr [27] ____________ muss, um [28] ____________ zu erlangen. Helmfried, seinen Freund, lernte er auf dem [29] ____________ kennen, und er war es auch, der ihn zum [30] ____________ machte.

Lösungswort: ____________

Das Lösungswort ist nicht zufällig gewählt, denn es bestehen Verbindungen zwischen den Informationen aus dem Lückentext und dem Lösungswort. Verdeutliche diese Verbindung in der Figurenkonstellation!

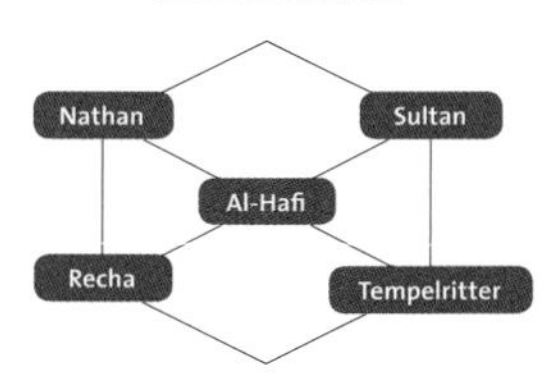

Die Tempelritter – Männer Gottes

Helmfried, der verstorbene Freund des Tempelritters, hat diesem einst erzählt, wie der Orden der Templer entstanden ist.

Lies noch einmal auf S. 83 nach und trage die wesentlichen Informationen zusammen.

Anforderungen an einen Templer	Aufgaben eines Templers

Außer diesen ‚Gesetzen' bestimmen moralische Ideale das Denken und Handeln eines Tempelritters. Diese sind geprägt von den Erfahrungen im Leben und Beweggründen, sich den Templern anzuschließen. Interessant ist hier vor allem der Vergleich zwischen den Idealen des Patriarchen und Curd von Stauffens.

Stelle den Vergleich zwischen dem Tempelritter und dem Patriarchen von Jerusalem an, indem du beide jeweils über den anderen nachdenken lässt.

S. 80–85
S. 182–187

Die Gedanken könnten so beginnen:

Der Tempelritter

„Ein Mann Gottes will er sein, alles im Namen Gottes tun, dabei verletzt er jegliche Grundsätze menschlicher Dankbarkeit und auch des Anstandes. Wie kann er von mir verlangen, den, der mich gerettet hat, ans Messer zu liefern? Das wäre Verrat! …"

Der Patriarch

„Dieser Curd von Stauffen ist ganz schön einfältig und wagt es, an meinen Anweisungen zu zweifeln. Möglich, dass ihn seine ritterliche Erziehung dazu treibt, Ehre und Gerechtigkeit in den Vordergrund seines Handeln zu stellen, aber da muss ich ihm wohl kräftig die Flügel stutzen. …"

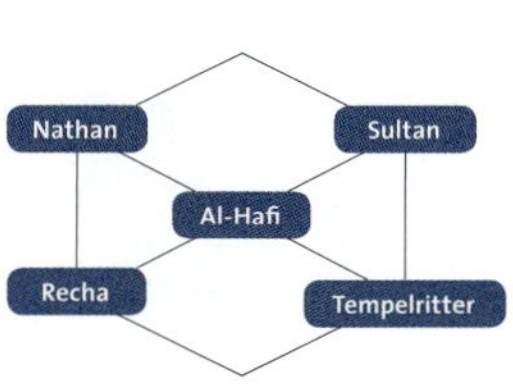

Ergänze das Figurennetz!

„Einer wie du“

Immer wieder wird der Tempelritter in seinem Leben mit diesem Ausspruch konfrontiert. Doch er trifft auch auf andere Figuren in diesem Roman zu. Das wollen wir untersuchen.

Welche Bedeutung steckt eigentlich hinter diesem Ausspruch? Erläutere.

„Einer wie du“

Auf drei weitere Figuren kann man den Ausspruch beziehen. Sie müssen also Gemeinsamkeiten aufweisen, die durch die Worte ‚eine/einer wie du‘ definiert wird.
Erstelle diese Übersicht und finde dabei diese Gemeinsamkeiten, indem du für jede Figur ein Herausstellungsmerkmal, ihre Besonderheit, das von der Norm Abweichende aufzeigst.

Tempelritter

zum ersten Mal hört er das vom Stallburschen, dann immer wieder von verschiedenen Leuten

fünftes Rad am Wagen

Daja

schließt sich den Kreuzfahrern an, wächst bei der Großmutter auf

‚Eine/r wie du‘

Das Gemeinsame

•

•

•

•

•

ohne Namen – bekommt einen geschenkt, ohne Glauben

von Nathan aufgenommen

Geschem

Waisenkind, aufgenommen von Nathan;
Jüdin, die eigentlich Christin ist

Recha

Kapitel 6 (S. 86–98) Mit Nathan unterhält sich al-Hafi über Wahrheit und darüber, was Menschlichkeit ausmacht.

Aber was ist eigentlich Wahrheit und wie findet man sie?
Wo liegt der Schlüssel zur Wahrheit?

Setze dich mit einem Partner zusammen und macht euch zunächst Gedanken über diese Fragen.

Al-Hafi, Nathans langjähriger Freund, erklärt den Begriff ‚Wahrheit' so:

„»Zu jeder Wahrheit gehört ihr Gegenteil, und wenn du eine Behauptung aufstellst, musst du auch ihr Gegenteil herausfinden und aussprechen. Erst wenn du nicht nur die Unterschiede zwischen beiden Behauptungen erkennst, sondern auch ihre Gemeinsamkeiten, hast du den Schlüssel zur Wahrheit in der Hand.«" (S. 88/21–26)

Nathan ist zunächst empört, dass sein Freund al-Hafi nun im Dienst des Sultans ist.

Für Nathan ist Saladin ...

Al-Hafi kennt Sultan Saladin seit seiner Kindheit, er kennt auch seine anderen Seiten. (Auch Daja hat einen Einwand.)

-
-
-
-

-
-
-
-

Das Gemeinsame

Deshalb fordert Nathan:
„»Von Saladin muss ...«"

Nathan versteht al-Hafis Worte:

Nathan | **Unterschiede/ verschiedene Stellungen** | **Al-Hafi**

Das Gemeinsame

Sie ...

Sie ...

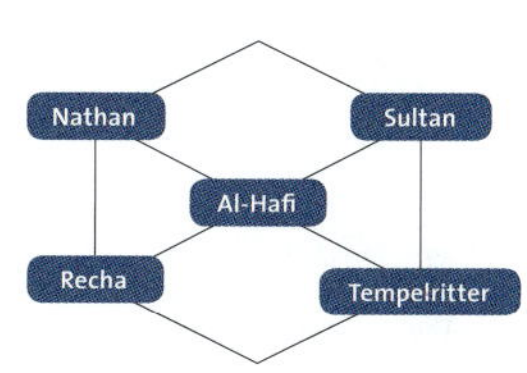

Ergänze in deiner Figurenkonstellation al-Hafis Beziehungen zu Nathan und Saladin und wie sich diese verändern.

Figuren

In einem Figurennetz lassen sich Beziehungen von Figuren eintragen und auch Entwicklungen und Veränderungen festhalten. Verwende unterschiedliche Linienarten, Pfeile und Symbole und kurze Erklärungen, z. B. ✝✡☪, um die Religionszugehörigkeit festzuhalten.
Einige Vorgaben sind bereits eingezeichnet. Überlade nicht – probiere zunächst auf einem DIN-A3-Blatt (evtl. Kopie) aus.
Tipp: Wenn du die Figurenpositionen anders gestalten möchtest: → Kopie → Figurenumrisse ausschneiden → legen, ausprobieren.

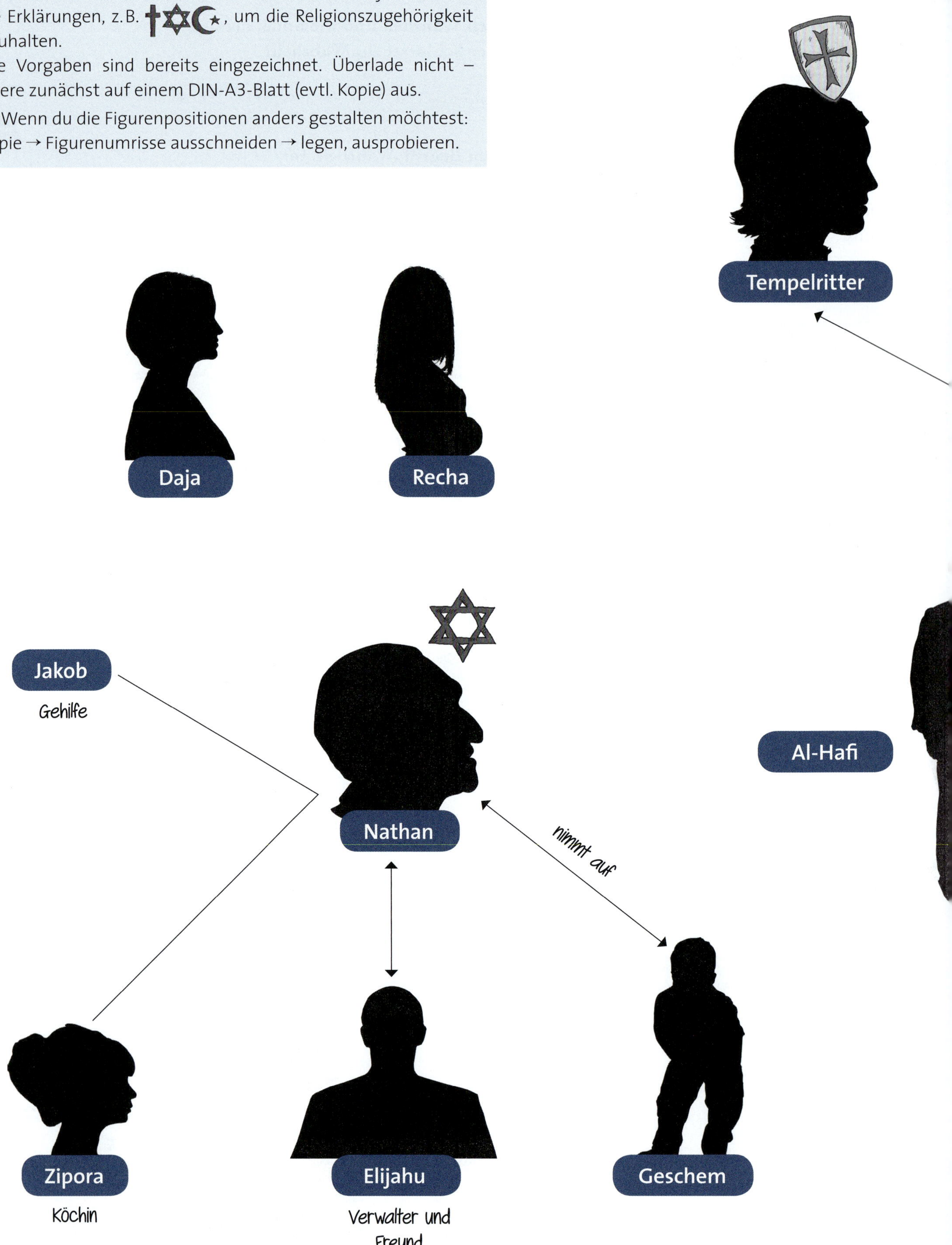

Nathan: © Stephi - Fotolia.com
Daja: © fotofuerst - Fotolia.com
Tempelritter: © Stephi - Fotolia.com
Al-Hafi: © Stephi - Fotolia.com
Elijahu: © Thomas Reimer - Fotolia.com
Saladin: © fotofuerst - Fotolia.com
Sittah: © Unclesam - Fotolia.com
Recha: © Pasquale Di Donato - Fotolia.com
Geschem: © Stephi - Fotolia.com
Patriarch: © Stephi - Fotolia.com
Abu Hassan: © Stephi - Fotolia.com
Zipora: © Stephi - Fotolia.com

…konstellation

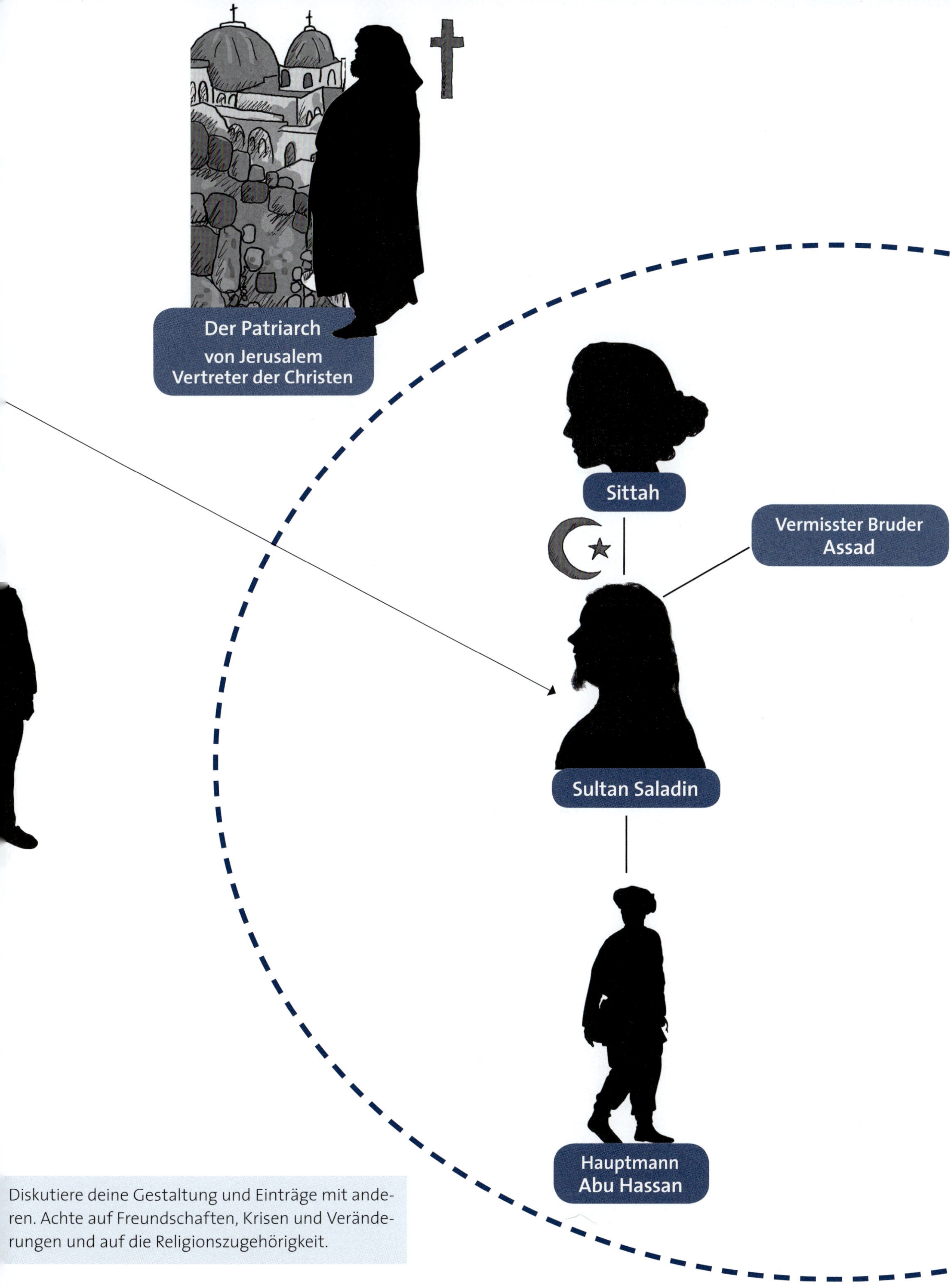

Diskutiere deine Gestaltung und Einträge mit anderen. Achte auf Freundschaften, Krisen und Veränderungen und auf die Religionszugehörigkeit.

Kapitel 6 (S. 86–98)

„Das Leben ist wie ein Schachspiel, die Menschen sind nichts anderes als Figuren, die von einer höheren Macht hin und her geschoben werden." (S. 86/9 – 11)

Al-Hafi vergleicht sein Leben und die Ereignisse um ihn und Nathan mit einem Schachspiel. Die wichtigsten Regeln werden daher hier vorgestellt, um al-Hafis Vergleiche zu verstehen.

Schach – das ‚königliche Spiel'

Das Wort ‚Schach' wird vom Persischen Schah-König abgeleitet. Das strategische Brettspiel entstand vermutlich in Nordindien und gelangte über Persien und nach dessen Eroberung durch die Araber nach Europa. Im 13. Jahrhundert zählte es zu den sieben Tugenden der Ritter.

Schach gilt auch deshalb als das ‚königliche Spiel', da das Spiel gewinnt, wer den gegnerischen König ‚schachmatt' setzt. Der König ist matt, wenn er nicht mehr ziehen kann, er ist hilflos seinem Schicksal überlassen. Der König wird im letzten Zug nicht geschlagen (getötet), sondern bleibt handlungsunfähig stehen.

Die Figuren haben aufgrund ihrer Zugmöglichkeiten auf dem Schachbrett unterschiedliche Aufgaben und Stärken. Die Dame ist die stärkste Figur im Schachspiel. Sie kann durch ihre Zugmöglichkeiten den König beschützen oder im Zusammenspiel mit Turm, Läufer und Springer angreifen. Ihr Wert gilt einem Schachgroßmeister zufolge mehr als der von neun Bauern.

Dennoch sind die Bauern sehr wichtig, ein ‚Bauernopfer' geht nur ein, wer dadurch, dass er einen Bauern ‚schlagen' lässt, einen strategischen Vorteil und Tempogewinn im Spiel erwartet.

Bei einer ‚Rochade' werden König und Turm einer Farbe zugleich bewegt. Es ist der einzige zulässige Doppelzug. Ein Spieler rochiert, um seinen bedrohten König in eine sichere Position zu bringen und seinerseits den Turm für einen Angriffszug bereitzustellen. Jeder Spieler darf in einer Partie nur einmal rochieren.

Der Ausdruck ‚Remis' kommt aus dem Französischen (‚remettre' – ‚zurücklegen' oder ‚zurückstellen'). Ein Remis wird dem Gegner angeboten, wenn keine Seite einen gewinnbringenden Vorteil hat. Das ‚Zurückstellen' ist kein ‚Unentschieden', sondern bedeutet, dass der Ausgangszustand des Spiels wiederhergestellt wird. Die Figuren werden in ihre Grundstellung zurückgestellt. Die Entscheidung erfolgt dann in der nächsten Partie.

„[...] und ehe du dich's versiehst, hast du deinen Plan aus den Augen verloren und bist nur noch damit beschäftigt, auf die gegnerischen Züge zu reagieren, [...]" (S. 86/15 – 17)

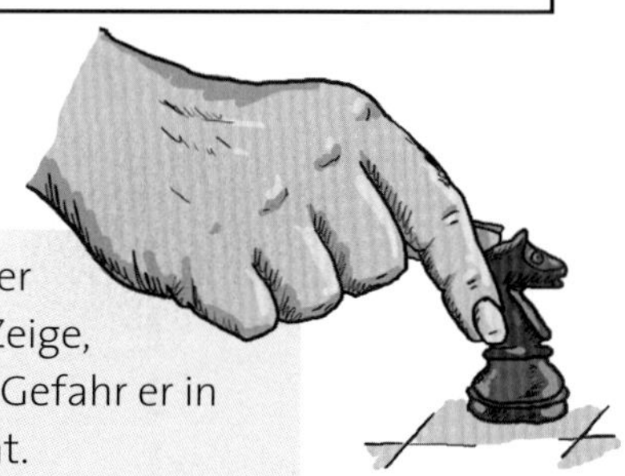

Lies das 6. Kapitel und erkläre al-Hafis Aussagen:

Al-Hafi wollte leben als ...

Beziehung zu Nathan:

Nun ist er ...

Bedeutung des Glaubens:

Auch Saladin und dessen Schwester Sittah sieht er als Schachfiguren. Zeige, warum er dies sieht – und welche Gefahr er in der „Dame" Sittah für Nathan sieht.

Saladin – König =

Sittah, seine Schwester – „Dame" =

Foto Hintergrund: Urheber: Jeff Dahl Creative Commons-Lizenz www.wikipedia.commons

Sittah – die „Dame“

Kapitel 9 (S. 120–135)

Auch Sittah hat die Autorin ein eigenes Kapitel gewidmet. Zudem spielt die Schwester des Sultans eine entscheidende Rolle dabei, Nathan um Geld zu ‚bitten‘.
Obwohl sie die Schwester des Sultans, des Herrschers und Machthabers, ist, führt sie kein sorgenfreies Leben. Auch sie musste schon Schicksalsschläge erfahren und ist in ihrer Entscheidungsfreiheit eingeschränkt.

Lies gezielt Kapitel 9 (S. 120–135) durch und halte wesentliche Informationen zu Sittah in ihrem Steckbrief fest. Diesen kannst du im weiteren Verlauf noch erweitern.

Name: **Sittah** Saladins Schwester, die „Dame“ im „Schachspiel“

Alter:

Religion:

Wer mir am Herzen liegt und warum:

Meine schlimmsten Erinnerungen:

Meine Aufgaben/meine Stellung:

Was ich gerne ändern würde, wenn ich könnte:

Setze dich mit einem Partner zusammen und untersucht folgende Statements auf ihre Richtigkeit.
Begründet eure Entscheidungen mithilfe des Textes [Kapitel 6 (S. 92, 96–98), Kap. 9 (120–135), Kap. 12 (154, 164)].
Schreibt eure Notizen auf Kärtchen. Diese werden von allen Gruppen zum jeweiligen Statement veröffentlicht, sodass ihr euch in der Diskussion auf eine gemeinsame Erklärung der Aussagen einigen könnt.

❶ Sittah hat Macht in Jerusalem und kann Einfluss auf die Politik ihres Bruders ausüben.

❷ Saladin benutzt Sittah für die Verhandlungen mit Richard Löwenherz.

❸ Sittah ist eine Schachfigur in Saladins Spiel – die „Dame“, die ihn allerdings schützt.

❹ Sittah ist es als einziger Frau erlaubt, ihrem Bruder zu widersprechen, da sie eine sehr enge Bindung zu Saladin hat.

Was sagt die folgende Textstelle über Sittah aus?
„»Warum gehst du nicht zu deinem reichen jüdischen Freund?«“ Zu al-Hafi: „»Geh zu ihm, er soll dem Sultan Geld leihen, bis die Schiffe aus Ägypten kommen. Sage ihm, dass es sein Schade nicht sein wird, man wird ihn reich dafür belohnen.«“ (S. 98/12–18)

Abu Hassan

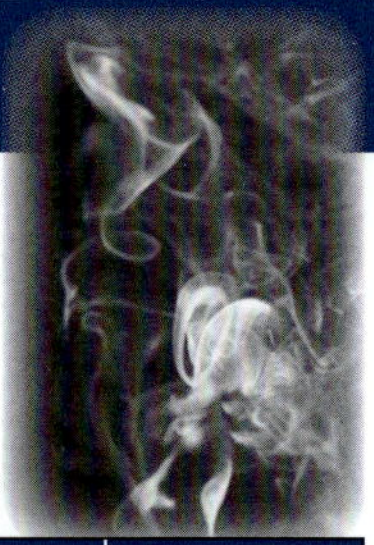

Kapitel 10 (S. 136–143)

Abu Hassan, Hauptmann des Sultans, haben wir aus der Erzählung al-Hafis im 6. Kapitel auf S. 94 bereits kennengelernt. In Kapitel 10 kommt er selbst zu Wort.

Bewerte die Aussagen. Richtig oder falsch? Kreuze an.	Richtig	Falsch
1) Abu Hassan ist als Hauptmann Saladin treu ergeben.		
2) Er steht in Saladins Gunst, da er eine Verschwörung gegen Saladin aufgedeckt hat.		
3) Er steht in Saladins Gunst, da er einen Angriff der Templer niederschlug.		
4) Er ist gläubiger Muslim, achtet jedoch Juden und Christen.		
5) Er ist stolz darauf, im Kampf den Christen das echte Kreuz entrissen zu haben.		
6) Er wirft Saladin vor, bei der Eroberung von Akko die Christen verschont zu haben.		
7) Er hat seinen Bruder Achmed im Kampf verloren.		
8) Er setzte sich dafür ein, dass nach der Rückeroberung Jerusalems in 1187 die christlichen Kultstätten nicht als Vergeltung zerstört wurden.		
9) Er möchte mit anderen Hauptmännern und Würdenträgern im „Heiligen Krieg“ die Christen auch aus ihren letzten Hochburgen wie Tyros vertreiben.		
10) Sein Bündnis möchte Saladin ablösen oder auch töten, um dessen ältesten Sohn an die Macht zu bringen.		
11) Saladin soll durch dessen Bruder Melek al-Adel abgelöst werden.		

Korrigiere die fünf falschen Aussagen hier:

Nr.	Richtigstellung

Was erwartet Abu Hassan von Saladin? Stelle seine Motive dar und nimm zu ihnen Stellung!

„»Damals hätte ich allerdings schon merken müssen, dass Saladin sich nicht so verhielt, wie es einem Sieger wohl angestanden hätte.«“
(Abu Hassan, S. 141/14–16)

„Nathan und seine Kinder" spielt zur Zeit des Dritten Kreuzzuges. Eine Zeittafel im Roman (S. 252) gibt einen Überblick über die wichtigsten Daten. Wir stellen hier einige Ereignisse und Zusammenhänge, die im Roman angesprochen werden, dar. Wenn wir uns mit den Kreuzzügen beschäftigen, müssen wir berücksichtigen, dass viele der Berichte darüber erst lange nach den Ereignissen festgehalten wurden. Das gilt auch für die meisten der Darstellungen in Bildern und Gemälden. Oft brachten die „Chronisten" sehr stark ihre Gefühle und ihre Bewertung der Ereignisse mit ein.

Die Kreuzzüge – ein Krieg um den Glauben?

Im November 1095 berief Papst Urban II. in Clermont eine Synode ein, eine Versammlung wichtiger Kirchenvertreter. Der Anlass: Alexios I, der christliche byzantinische Kaiser in Konstantinopel hatte den Papst um Hilfe gebeten. Das Oströmische Reich, Byzanz, sei bedroht durch den Ansturm der muslimischen Seldschuken.

Der Andrang auf Urbans Predigt war so groß, dass diese nicht in der Kathedrale, sondern auf einem Feld stattfand. Dazu hatten auch Gerüchte und Nachrichten über die niedergerissene Grabeskirche, über drangsalierte Glaubensbrüder und nicht mehr zugängliche heilige Stätten beigetragen. In Europa war ein Gefühl der Bedrohung entstanden.

Urban predigte von der Notwendigkeit, den Brüdern im Osten zu helfen, da Türken und Araber immer tiefer in das Land der Christen eindringen würden, viele Christen würden getötet oder verschleppt, Kirchen zerstört und das Land verwüstet.

Urban forderte in dramatischen Worten zur Befreiung des „Heiligen Landes" auf und dazu, in einen rechtmäßigen Krieg zu ziehen. Er versprach den Teilnehmern Sündenvergebung und himmlische wie weltliche Belohnung.

„Gott will es"

„Deus lo vult, Gott will es" – ob der Papst dies so ausrief oder es zuerst tausendfach von den Massen gefordert wurde, ist nicht mehr überprüfbar. So oder so: Der Papst nutzte die Gelegenheit, die zerstrittene Christenheit zur Einheit aufzurufen und seine päpstliche Macht über die der weltlichen zu stellen und auszubauen.

Bischöfe, Priester, Wanderprediger und fanatisierte Mönche verbreiteten den Aufruf in Windeseile. Schon 1096 brachen etwa 15 000 Menschen, meist einfache und arme Leute, Unfreie und Diebe zum **„Volkskreuzzug"** auf. Angeführt von religiösen Fanatikern zog ein Teil von ihnen im Mai und Juni 1096 durch Speyer, Mainz, Köln und Worms, durch Trier, über Neuss, Xanten und Prag. Dabei wurden jüdische Gemeinden geplündert, viele der Fanatisierten bereicherten sich am Besitz der Juden; die Pogrome in den Judenvierteln forderten etwa 5 000 Opfer, als „Nachfolger der Christusmörder" ermordet. Die schlecht bewaffneten und für die Strapazen der jahrelangen Reise nicht gerüsteten Teilnehmer erreichten das „Heilige Land" nie. In Ungarn wurden viele aus den plündernden Horden getötet, auf dem türkisch-seldschukischem Gebiet wurden die meisten der noch Lebenden im Oktober 1096 hingemetzelt.

Auch für viele, die sich dem besser vorbereiteten **Ersten Kreuzzug** ab August 1096 anschlossen, war die „bewaffnete Pilgerfahrt" nicht nur religiös motiviert. Viele Menschen, auch die des niederen Adels, waren verarmt. Ganze Landstriche litten zudem unter den Fehden des niederen Adels und der Ritter, die keine Aufgabe hatten und ohne Bedeutung waren. Der Lebensstandard der einfachen Leute und der Bauern war niedrig, vielen drohte Verelendung, da sie kein Land zum Bewirtschaften hatten. Viele der Ritter hatten lange gebraucht, um die Mittel für ihre Ausrüstung zusammenzubekommen. So erhofften sich viele neben einem Sündenerlass neue Aufgaben, Land oder sogar Reichtümer im Osten, von denen so oft die Rede war.

Der Erste Kreuzzug der Kirche und des Adels war besser vorbereitet und wurde von Graf Hugo von Vermandois aus Frankreich, Graf Robert von der Normandie und Herzog Gottfried von Bouillon angeführt. Ihr Ziel: Im „Heiligen Land" ein neues Herrschaftsgebiet aufbauen. An die 60 000 Menschen, darunter etwa 7 000 Ritter und Bewaffnete aus dem niederen Adel, zogen auf dem langen Weg übers Meer und den Landweg zum Treffpunkt in Konstantinopel. Sie verbreiteten überall Angst und Not, denn die Menschen und Tiere mussten ernährt werden. Kaiser Alexios von Byzanz forderte den Treueid, was ihm verweigert wurde. Die Kreuzritter wollten ihre eigenen Reiche errichten und nichts Byzanz zurückgeben.

Jerusalem erreichte der Zug nach der Eroberung Antiochias, wo ein Fürstentum gegründet wurde, erst im Juni 1099. Nur ein Drittel der Teilnehmer überlebte die Strapazen und die Kämpfe bis hierher.

Die Belagerung brachte die christlichen Angreifer an den Rand der Aufgabe, der Widerstand der Verteidiger war groß. Aus Angst vor Verrat wiesen die Verteidiger viele Christen aus der Stadt. Am **15. Juli 1099** gelang jedoch die Eroberung. Viele der Eroberer empfanden dies als „Einzug in den Himmel", als „Erfüllung des göttlichen Auftrags". Gottfried von Bouillon, wurde „Hüter des Heiligen Grabes". Die Christen richteten ein Blutbad an. Obwohl ihrem christlichen Glauben der Frieden als heilig galt, wurden in einem Rausch der Gewalt Juden wie Muslime niedergemacht, auch viele der Christen, die in der Stadt geblieben waren, wurden ermordet. Die „Rache an den Ungläubigen", der Fanatismus, die „Verunreinigung der christlichen Stätten" zu beseitigen, forderte 30 000 Opfer (siehe Bild Umschlag außen).

Einheit und „Dschihad"* – Saladin

Die islamische Welt war im Mittelalter in vielen Belangen auf einem hohem Stand und der christlichen oft weit voraus. In der Wasserversorgung von Städten, in der Medizin, in der Forschung, in Physik und in Mathematik sowie in der Literatur waren die Leistungen weltweit anerkannt.

Die in die Glaubensrichtungen *Sunniten* und *Schiiten* gespaltenen muslimischen Mächte begannen sich nach der Eroberung Jerusalems nur langsam zu organisieren: Allah stelle den Glauben auf die Probe, es sei eine Sünde, den „heiligen Boden" nicht zu verteidigten. Die Einigung sei dringend nötig, um den Angriff auf den Islam zu bekämpfen. Der muslimische Gelehrte Ali ibn Tahir al-Sulami rief mit seinem Werk „Kitab al Dschihad" 1105 erstmals

* **Dschihad:** wörtlich „Anstrengung, Kampf, sich Mühe geben", im religiösen Sinn „Anstrengung, den Kampf auf dem Weg Gottes". Im Koran wird damit vor allem der militärische Kampf umschrieben. Unsicher ist, ob es sich um einen „Kampf gegen Andersgläubige" oder um die Verteidigung handelt.

Leseempfehlung: Pariger, Harald: *Das Zeitalter der Kreuzzüge.* Arena Taschenbuch, Würzburg 2010.

www http://de.wikipedia.org, Suchbegriffe: Kreuzzüge, Dschihad
http://de.wikipedia.org/wiki/Saladin
http://www.stern.de/politik/geschichte/kreuzzuege-der-kampf-um-jeruslem-247734.html

zum „Dschihad“ auf. 1144 wurde Edessa durch den muslimischen Heerführer Zengi von Mosul zurückerobert.
Im **Zweiten Kreuzzug** von 1145 bis 1149 wollten die Kreuzfahrer Damaskus einnehmen und die Kreuzfahrerstaaten entlasten. Zengis Sohn Nur ad-Din übernahm nun die Führung der muslimischen Heere, er konnte im Jahr 1174 das Land Syrien vereinen. 1169 schickte er den sarazenischen Feldherrn **Saladin** und dessen Onkel als Truppenführer eines Feldzuges gegen die Kreuzfahrer nach Ägypten. Saladin zeigte sich bald als kühler Machtpolitiker. Er wusste, dass nur die Einheit der Muslime zum Erfolg gegen die „Franken“ führen konnte. 1177 ernannte er sich eigenmächtig zum **Sultan von Ägypten** und gründete die Dynastie der Ayyubiden. Er trug den Gedanken des „Dschihad“ erfolgreich weiter. Nachdem er bis 1183 seine muslimischen Gegner besiegt und die Vorherrschaft über die Region errungen hatte, zog er nun gegen die Kreuzfahrerheere, um diese aus Jerusalem und Palästina zu vertreiben. **1187** eroberten seine muslimischen Truppen das strategisch wichtige Akkon und danach Jerusalem zurück.
Bei der **Schlacht bei Hattin** (zwischen Akkon und dem See Genezareth) erlitten die Kreuzfahrer ihre bis dahin größte militärische Niederlage gegen Saladins Armee. Die Christen, vom Wasser abgeschnitten, unterlagen in der Hitze den Angreifern. Saladin soll eigenhändig König Guido Wasser gereicht haben, ein Zeichen, dass er ihn schätze und nicht töten lassen werde. Während er den König und Großmeister Ridefort als Geiseln nahm, ließ er Rainald von Chatillon enthaupten, muslimischer Quelle zufolge vollzog er dies eigenhändig. Alle überlebenden Ordensritter wurden hingerichtet. In der Folge eroberte Saladin 52 Städte und Festungen (siehe Bild Umschlag außen).
Nach langer Belagerung zog Saladin am **2. Oktober 1187** in Jerusalem ein und beendete die 88-jährige christliche Herrschaft. Hatten die christlichen Eroberer bei ihrer Eroberung in Jerusalem 1099 ein Blutbad unter der Zivilbevölkerung angerichtet und geplündert, wurde diese nun verschont. Christen konnten sich freikaufen und erhielten freien Abzug mit ihrer Habe (zehn Dinare für einen Mann, fünf für eine Frau, einer für ein Kind). 20 000 Arme in der Stadt konnten sich nicht freikaufen und auch die von Saladin angebotene pauschale Summe von 100 000 Dinaren nicht aufbringen. Saladin ließ dennoch 7 000 von ihnen für 30 000 Dinare die Stadt verlassen. Der Rest der Bevölkerung wurde in die Sklaverei verschleppt. Saladin verschonte alle Greise und schenkte seinem Bruder al-Adil 1 000 Sklaven, die dieser aus Mitleid in die Freiheit entließ. Das Datum hat symbolische Bedeutung für die Muslime – nach muslimischem Kalender ist dieser Tag der 27. Radschab, der Jahrestag, an dem Mohammed im Schlaf Jerusalem aufgesucht hatte und dort in den Himmel getragen wurde.
Um die vollständige Niederlage und den Verlust der letzten Kreuzfahrerstädte und -staaten abzuwenden, begann **ab 1189** der **Dritte Kreuzzug** unter Kaiser Friedrich I, Philipp II. von Frankreich und König **Richard I, Löwenherz, von England.**
Da Friedrich I, genannt Barbarossa, am 10. Juni 1190 im Fluss Saleph („Blaues Wasser“) in der Südtürkei ertrank, und der größte Teil seines Heeres zurückkehrte, fehlte eine wichtige Unterstützung.
Jerusalem sollte rückerobert werden. Erstes Ziel war jedoch Akkon.
Akkon war seit August 1189 durch Guido von Lusignan, dem ehemaligen König von Jerusalem, erfolglos belagert worden. Um die Zerstörung Akkons abzuwenden, wurde die Stadt am 12. Juli 1189 mit Einverständnis Saladins an die Kreuzfahrer übergeben. Für die muslimischen Bewohner wurde zudem ein hohes Lösegeld ausgehandelt. Als sich die Zahlung des Lösegeldes verzögerte, ließ Richard Ende August 1191 circa 2 700 muslimische Gefangene enthaupten, um Saladin zu Zugeständnissen zu zwingen. Saladin soll darauf verzichtet haben, Rache zu nehmen, und seinerseits die christlichen Gefangenen verschont haben.
Obwohl danach König Richard, genannt „Löwenherz“, weitere Gebiete der Mittelmeerküste bis Maskaron zurückeroberte, konnte weder Jerusalem eingenommen noch Saladins Macht entscheidend gefährdet werden. König Richard geriet zudem unter Druck, da seine Macht in England bedroht wurde.

Ein Waffenstillstand

Der Überlieferung zufolge bot Richard Sultan Saladin an, dessen Bruder al-Adil mit seiner verwitweten Schwester Johanna zu verheiraten: Das Paar sollte die christlich kontrollierten Gebiete Palästinas erhalten, Saladin im Gegenzug al-Adil mit dem übrigen „Heiligen Land“ belehnen. Von Jerusalem solle so das Paar das ganze Land regieren, dieses solle allen Christen und Moslems offenstehen. Der Vorschlag galt ohnehin als nicht durchsetzbar, und soll zudem an der Weigerung von Saladins Bruder gescheitert sein, zum christlichen Glauben überzutreten.
In einem **Waffenstillstand** zwischen Richard und Saladin vom **2. September 1192** wurden die Eroberungen Richards an der Küste Palästinas weitgehend anerkannt. Christliche Pilger erhielten freien Zugang nach Jerusalem. Nach dem Abschluss des dreijährigen Waffenstillstands verließ Richard Palästina, der Dritte Kreuzzug war beendet, die vollständige Vernichtung der Kreuzfahrerstaaten unter der Herrschaft des mächtigen Sultan Saladin verhindert worden.
Saladin starb am 3. März 1193 im Alter von 55 Jahren in Damaskus. Sein Reich begann zu zerfallen, da sich seine Söhne und einige seiner Brüder, insbesondere al-Adil, um das Erbe bekämpften. Er hinterließ den Ruf, das einmal gegebene Wort einzuhalten. Im Islam sah er die überlegene Religion, hielt sich aber an die Bestimmungen des Korans, der den Glaubenszwang verbietet.
Weitere Kreuzzüge folgten, 200 Jahre blieben die christlichen Krieger im Land.

Quellen:
F. Gabriel (Hg.): *Die Kreuzzüge aus arabischer Sicht.* München 1973.
Maaloufs, Amin: *Der Heilige Krieg der Barbaren. Die Kreuzzüge aus der Sicht der Araber,* 2002.
R. Pernoud (Hg.): *Die Kreuzzüge in Augenzeugenberichten.* Düsseldorf 1961.

Das Schachspiel ist eröffnet

Kapitel 12 (S. 154–166)

Sultan und Sittah wollen Nathan dazu bringen, ihnen Geld zu leihen. Al-Hafi warnt Nathan davor, denn er fürchtet, dass sie immer mehr Geld verlangen würden, bis er ruiniert sei. Er befürchtet ein ungleiches Schachspiel, bei dem der Verlierer, Nathan, bereits feststehe.

Ergänze und kommentiere den ‚Schlagabtausch‘ zwischen Saladin und Nathan.

Saladin ⟷ **Nathan**

Saladin (weiß) eröffnet das Spiel:
„»Du nennst dich also Nathan. Nathan der Weise.« Er hat das Spiel eröffnet, dachte ich, das war der erste Schachzug.“ (S. 156/20–22)
Saladin provoziert Nathan.

Nathan (schwarz) reagiert:

Erster richtiger Zug, bringt Läufer in Stellung:
Er fragt Nathan, warum er ihn wohl habe kommen lassen.

Nathans Gegenzug:

Saladin greift an:
„»Und da du im Ruf stehst, so weise zu sein, hoffe ich, dass du sie mir beantworten kannst. Sage mir, welcher Glaube ist der richtige? Wer hat recht, der Muslim, der Jude oder der Christ?«“
(S. 157/15–18)
Nathan soll als Jude in eine Zwickmühle geraten.

Nathan erschrickt darüber:

Der zweite Läufer greift an:
„»Ein Weiser wie du« […] »muss die Antwort doch wissen.«“ (S. 158/19–20)
Zweite Provokation!

Nathans Rochade:

Sittah, die „Dame“, ist wachsam …

Das Gleichnis von den drei gleichen Ringen

Kapitel 12 (S. 159–166)

Saladin: „»Sage mir, welcher Glaube ist der richtige? Wer hat recht, der Muslim, der Jude oder der Christ?«“ (S. 157/17 – 18)

Der Sultan greift mit zwei Läufern an. Nathan greift zur Rochade und bittet Saladin, ein Gleichnis erzählen zu dürfen. Ein Gleichnis hat eine Bild- und eine Sachhälfte. Um es zu deuten, überträgst du Nathans Erzählung auf das Gemeinte.

Nathans Geschichte	Das Gemeinte
Ring von unschätzbarem Wert, vor Gott und den Menschen angenehm	
Der liebste Sohn des Trägers erbt den Ring	
Ein Mann hatte drei Söhne, alle gleich lieb	
Lässt zwei gleiche Ringe herstellen, jeder Sohn bekommt einen	
Nach dem Tod des Vaters Streit der Söhne, wer den echten Ring trage, diese ließen sich nicht unterscheiden	
Richter entscheidet, er fragt die drei Brüder, welchen zwei von ihnen am meisten liebten, da der Ring ja die Kraft verleihe, vor Gott und den Menschen angenehm zu machen	
Da die Söhne keine Antwort haben, urteilt der Richter, dass keiner der Ringe echt sei und der richtige vielleicht verloren wurde; vielleicht habe der Vater daher drei gleiche Ringe anfertigen lassen	
Richter gibt Rat: jeder der drei Söhne solle den Beweis der Echtheit erbringen, sie sollten sanftmütig und verträglich sein; und nach gottgefälligen, guten Werken streben; in tausend Jahren werde ein anderer Richter dann ein Urteil fällen	
Nathan meint, dass vielleicht der „große Sultan dieser versprochene weisere Richter“ sei	

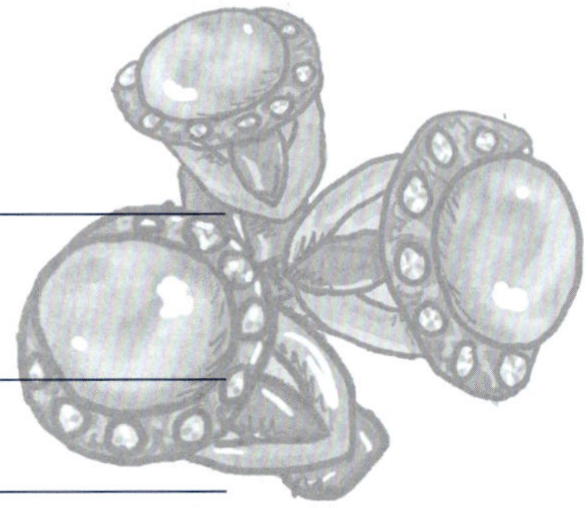

Schach:
Nathan zieht seine Dame …

Saladin muss …

Warum kann Sittah nicht mehr eingreifen?

Kapitel 12 (S. 159–166)

Nathan bietet nun seinerseits dem Sultan ein Darlehen an. Damit scheint die Gefahr ‚ausgelöscht', wie al-Hafi glaubt. Aber durch das Erwähnen des Tempelritters scheint die Atmosphäre zu kippen.

Nathan spricht davon, dass er niemandem etwas schulde, außer ...

„Nathan hob erstaunt das Gesicht, »Dann weißt du nicht, dass deine gute Tat eine neue geboren hat?«" (S. 165/13–14)

Ergänze die Übersicht:

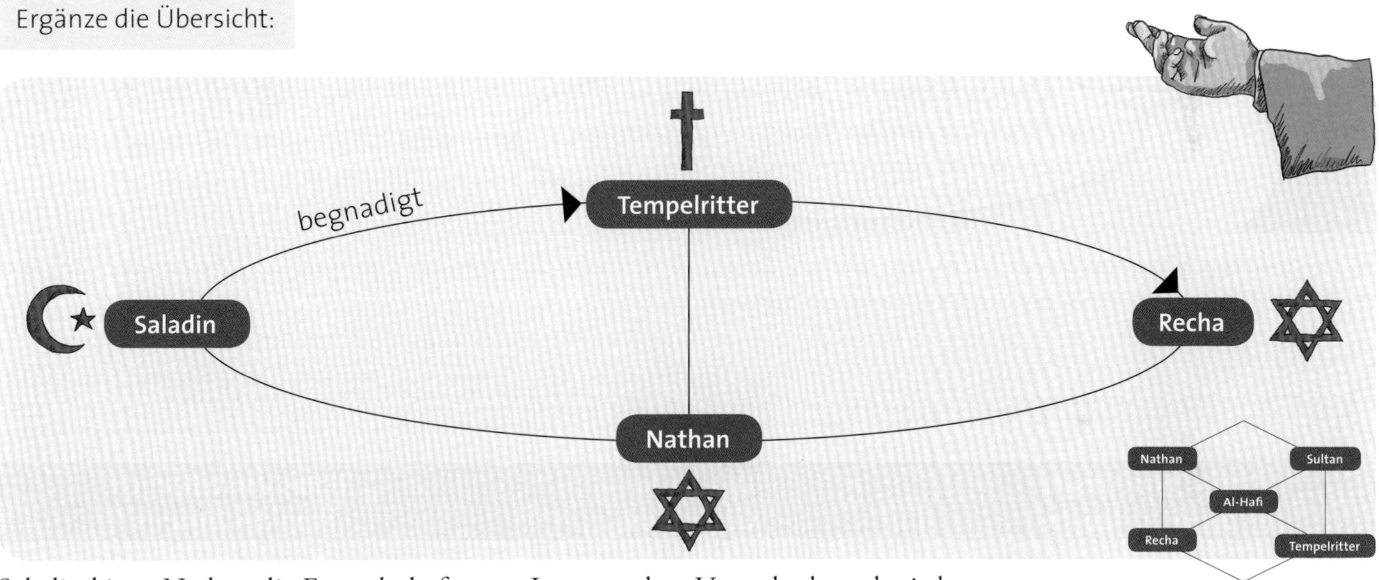

Saladin bietet Nathan die Freundschaft an: „»Lass uns dem Vater danken, der jedem von uns einen Ring gab, und zeigen wir uns dieser Gabe würdig.«" (S. 165/20–22)

Sieg oder Remis?

Al-Hafi beglückwünscht Nathan zu seinem Sieg im Schachspiel gegen den Sultan. Nathan jedoch wehrt ab: „»Du irrst dich, mein Freund. Es war kein Sieg, es war höchstens ein Remis. Es war nur eine Geschichte, nur ein Traum.« [...] »Ich habe einen Traum, dass sich eines Tages die Menschheit erheben und die wahre Bedeutung ihres Glaubensbekenntnisses ausleben wird.«" (S. 166/2 ff.)

Warum glaubt Nathan, dass es nur ein Traum sei, die Wirklichkeit aber anders?
Wie könnte der Traum gelebte Wirklichkeit werden?

Bist du schon einmal verraten worden? Von wem und in welcher Situation?

Verrat von ... → **Meine Empfindungen ...**

„Und da muss er in mich gefahren sein, der böse Geist, der Teufel, der seine Krallen in mein Fleisch schlug, […]«“ (S. 170/16 – 17)

In bestimmten Situationen tun Menschen Dinge, die sie sonst nicht tun würden. Sie sprechen Worte aus, die weitreichende Folgen haben können und die sie später bereuen.
Auch Daja gerät in eine solche Situation, als sie die Erinnerungen an die Heimat, ihre Sehnsucht nach Hause packt.

Führe dir Dajas Situation vor Augen, indem du anhand des Kapitels 13 (S. 167–175) die Tabelle ausfüllst.

Dajas Erinnerungen an die Vergangenheit	Daja in der Gegenwart	Dajas Vorstellungen von der Zukunft
• Nathan hat ihr nur Gutes getan	• von einem bösen Geist besessen	• mit Recha und dem Tempelritter zurück in die deutsche Heimat

„»Und wenn sie keine Jüdin wäre?« […] »Wenn sie Christin wäre wie du und ich? Wenn Nathan gar nicht ihr Vater wäre?«“ (S. 174/27 – 29)

Leider wird sich Daja zu spät bewusst, dass sich Worte, die einmal ausgesprochen sind, nicht mehr zurücknehmen lassen. Denn diese Worte haben weitreichende Folgen für viele Figuren.

Stelle anhand der Kapitel 13 bis 17 (S. 167–217) die Folgen von Dajas Worten für die einzelnen Figuren dar.

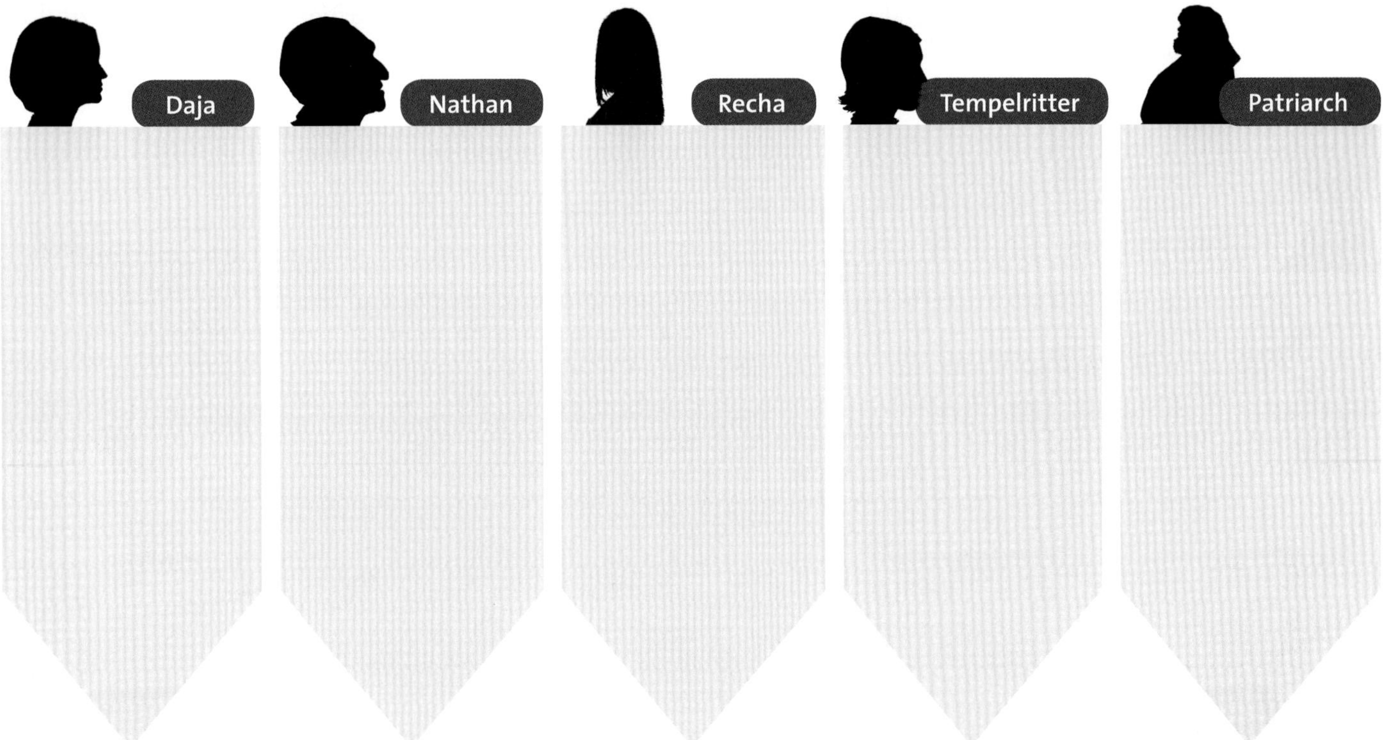

Nimm Stellung zu Dajas Tat: Hat sie Verrat begangen oder nur die Wahrheit gesagt? Hat sie sich schuldig gemacht? Diskutiert eure Standpunkte in der Klasse.

Verrat spielt im Roman wiederholt eine Rolle. Ergänze den Ausschnitt aus dem Figurennetz – übertrage deine Lösung dann dorthin!

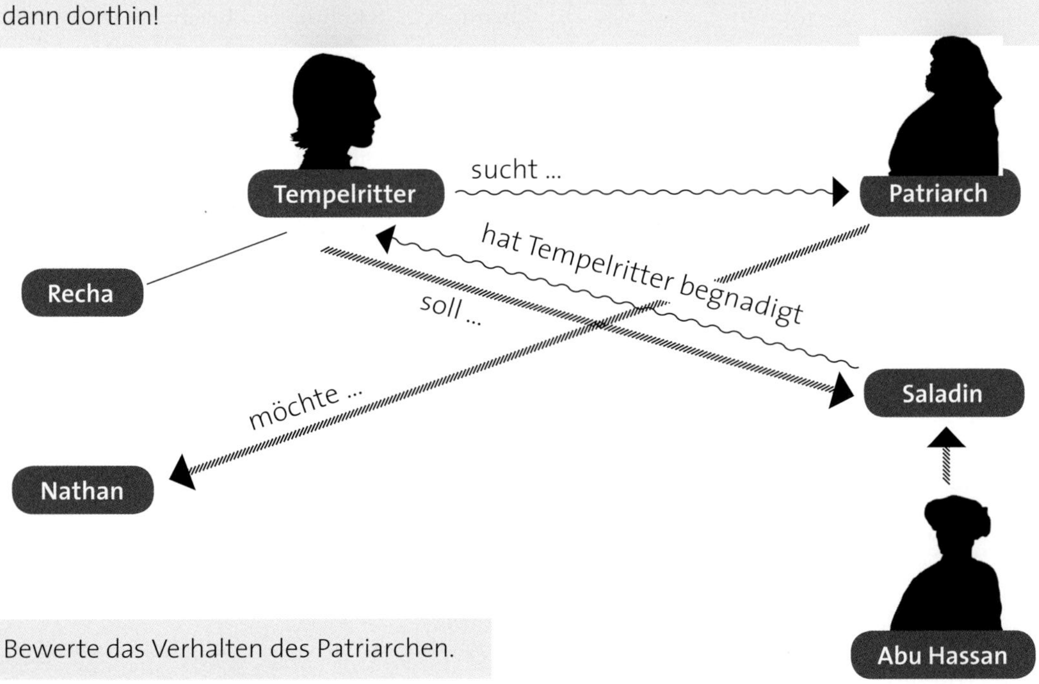

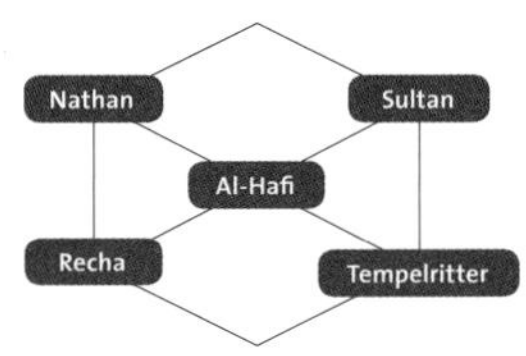

Bewerte das Verhalten des Patriarchen.

Welcher Glaube

Mirjam Pressler legt ihren Figuren immer wieder Zitate aus dem Alten und Neuen Testament oder dem Koran in den Mund. Damit rechtfertigen diese ihre Haltung durch ihren Glauben. Wir untersuchen hier, wie die Figuren zu ihrer Religion stehen, diese in ihren Taten leben, und ob sie tolerant anderen gegenüber sind.

Trage deine Meinung in die Kästchen ein.

Daja

Daja hört die Prediger, die durch Deutschland ziehen, um Kreuzfahrer anzuwerben: „»Gott will es«, sagten sie, »und Christus wird mit euch sein.«" (S. 30/6–7)

Recha über Daja:
„[…] und ich frage mich jedes Mal, ob sie mich vielleicht doch zum Christentum bekehren will, […]. Nur wenn es um ihren Gott geht, den Gott der Christen, bekommt ihre Stimme etwas Aufrührerisches, Herausforderndes […]" (S. 64/16–24)

Daja, als die Kreuzfahrer kurz vor Jerusalem angegriffen werden:
„Hinterhalt der Ungläubigen". (S. 36/29)

Abu Hassan

„Schon mein Vater war Hauptmann, und er hat uns, seine Söhne, zu Kämpfern erzogen, zu Kämpfern für Allah, für unseren heiligen Glauben [...]" (S. 136/1–3)

Patriarch

Der Patriarch von Jerusalem, als ihn der Tempelritter um Rat wegen seiner Liebe zu Recha bittet:
„»Wir müssen unserem Gott zum Sieg über die Heiden verhelfen, so wie Judas, der Bruder des Jakobus, geschrieben hat: *Ich war genötigt, euch zu schreiben und zu ermahnen, für den ein für allemal den Heiligen überlieferten Glauben zu kämpfen.*«" (S. 184/8–12)

Der Patriarch, der vom Tempelritter erfährt, dass ein Jude eine Christin aufgenommen und jüdisch erzogen hat:
„»Der Jude, der so etwas getan hat, verdient den Tod.«" (S. 186/7)

Richard Löwenherz

Aus Malek al-Inkitars (Richard Löwenherz') Brief an Sultan Saladin:
„»Unsere Leute und eure Leute sind tot, das Land ist ruiniert. Die Sache ist uns völlig entglitten. Glaubst du nicht, dass dies genug ist?«" (S. 123/4–6)

Sultan Saladin

Sultan Saladin, in seinem Antwortbrief an Richard Löwenherz:
„»Die Heilige Stadt ist ebenso gut die unsere wie die eure. Sie ist für uns sogar noch wichtiger, denn zu ihr hat unser Prophet seine wunderbare nächtliche Reise unternommen und dort wird unsere Gemeinschaft am Tag des Jüngsten Gerichts versammelt sein. Es ist also ausgeschlossen, dass wir sie aufgeben«".
(S. 123/20–25)

st der richtige?

Wirken Nathans Worte und Taten?

Der Tempelritter zu Nathan, als dieser ihn in der Stadt aufsucht, um sich für Rechas Rettung zu bedanken: „»Fass mich nicht an, Jude«“. (S. 102/10–11)

Wodurch ändert der Tempelritter seine feindliche Haltung, was überzeugt ihn? Wie kommt er damit zurecht, als sich herausstellt, dass er der Sohn eines Muslims und einer Christin ist?

Kommen die Romanfiguren Nathans Forderung aus dem Gleichnis nahe? Kreuze an und begründe deine Wahl. Lege anschließend jemandem deine Meinung dar.

Figur	vollständig	fast	nur wenig	nicht	Begründung
Nathan					
Recha					
Daja					
Elijahu					
Dajas Großmutter					
Abu Hassan					
Geschem					
Al-Hafi					
Saladin					
Tempelritter					
Patriarch					

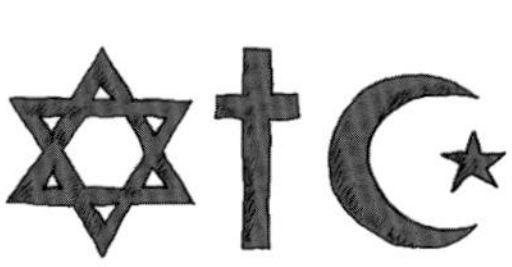

Entkräfte des Sultans Einwand:

„»Aber deine Geschichte hat einen Haken, Jude, die drei Religionen unterscheiden sich sehr deutlich voneinander, vom Gottesdienst bis hin zu den Speisegesetzen.«“ (S. 161/27–30)

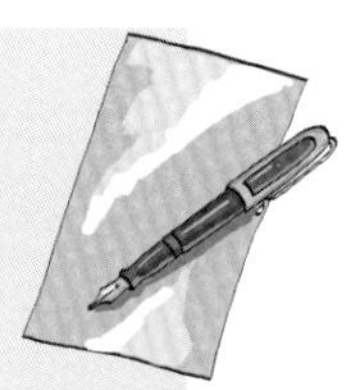

Kapitel 15 (S. 191–202)

Geschem Ben Abraham ↔ Geschem Ibn Ibrahim

Geschem zweifelt auf einmal doch an seiner Zugehörigkeit – findet aber dann doch sein Zuhause:

> „Und plötzlich kam mir der Gedanke, dass ich noch immer nicht wusste, wer ich war. Zwei Namen zu haben, war nicht besser als einer, es war fast so schlimm, wie gar keinen zu haben." (S. 198/6–9)

> „Und als er sich neben mich setzte und meine Hand nahm, wusste ich, wohin ich gehörte. Ich hatte mich entschieden. Alles andere war egal. »Ja«, sagte ich, »das bin ich. Geschem Ben Abraham.«" (S. 202/17–21)

Wie kommt es zu Geschems Unsicherheit?

____

____

____

____

____

____

____

Wodurch überwindet er diese?

____

____

____

____

____

____

____

Vor Nathans Haus trifft Recha auf Geschem. Erst seit dieser einen Namen hat, nimmt ihn auch Recha wahr.

In welcher Stimmung und Lage ist Recha, als sie auf Geschem trifft? Was hat sie aus der Fassung gebracht, was ist passiert? Halte dies in der Gedankenblase fest:

Kapitel 16 (S. 203–217)

„»Danke«, sagte ich, strich ihm über die Haare und ging ins Haus. In meinem Zimmer legte ich mich aufs Bett, starrte hinauf zur Decke und dachte an Nathan, an meinen Vater.“ (S. 217/14–17)

Halte Rechas Gedanken über diesen Tag in Form eines inneren Monologs fest.
Berücksichtige dabei, welche Einsichten ihr das Gespräch mit Geschem erschlossen hat.

„»Ein Mensch, der nirgendwo dazugehört, ist wie ein abgerissenes Blatt im Wind«“ (S. 215/5–6)

Zwischen beiden entwickelt sich ein inniges Gespräch.
Warum ist Geschem nun glücklich?

Wer hat Nathan getötet?

Nathan wurde auf hinterhältige Art und Weise ermordet. Die Frage ist natürlich: *Wer war/en der oder die Täter?*

Lies noch einmal S. 225/20–228/23 und sammle alle Fakten zum Tathergang.

- dunkle Nacht, nur zwei Gassen von Nathans Haus entfernt
- fünf vermummte Gestalten mit schwarzen Umhängen und Tüchern vor den Gesichtern tauchen hinter einem Haus auf

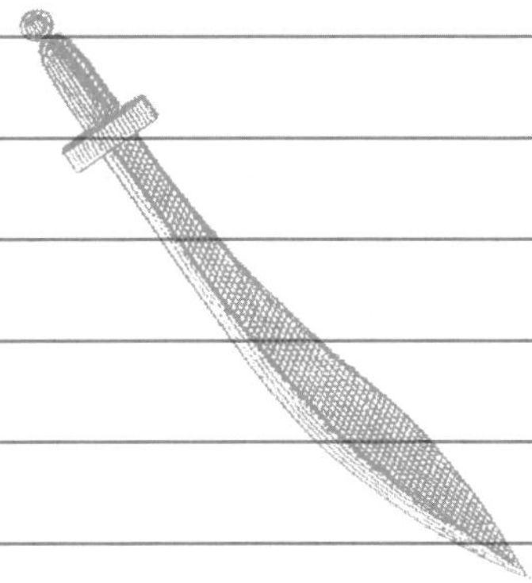

Zu einem Mord gehören zum einen die Gelegenheit und zum anderen ein Motiv. Stelle Überlegungen an, wer ein Motiv gehabt haben / wer davon hätte profitieren können, Nathan umzubringen.

Möglicher Täter	Mögliches Motiv

Wen hältst du für Nathans Mörder? Begründe deine Entscheidung.

Welche ‚Strafe' würdest im Sinne Nathans dem/den Täter/n auferlegen?

Was für ein Mensch war Nathan? Was und wer waren ihm wichtig? Wodurch hat er seine Mitmenschen beeindruckt?

Solchen Fragen kannst du nachgehen, indem du einen **Steckbrief** für Nathan erstellst, der vor allem seine Einstellungen zur Welt und den Menschen wiedergibt.

Name: **Nathan, genannt „der Weise“**

Alter:

Religion:

Wovon ich überzeugt bin:

Was mir wichtig ist:

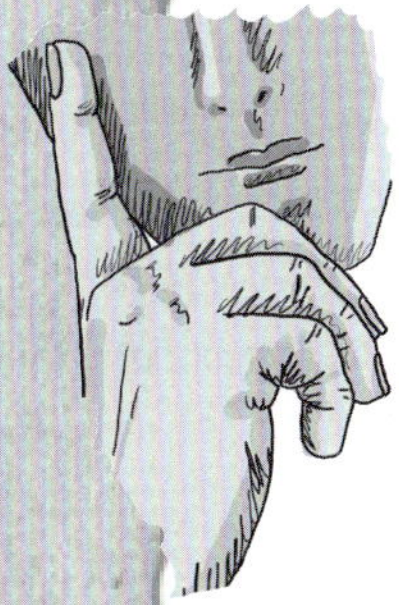

Was ich nicht verstehen kann:

S. 107/
S. 166

Mein Traum von der Welt:

Mit wem ich etwas gemeinsam habe:

Für mich typische Zitate:

Kapitel 18 (S. 230–240)

Das, was auch nach dem Tod von Nathan bleibt, sind seine Lebensweisheiten, seine Gedanken zu den Religionen sowie zu den Eigenschaften von Menschen und sein gelebtes Vorbild. Das spiegelt sich vor allem in der Entwicklung der Figuren wider.

Welche Aussagen/Ideen Nathans würdest du in sein ‚Vermächtnis' mit aufnehmen? Durchforste deine Aufzeichnungen und den Roman danach. Begründe deine Auswahl im Plenum.

Nathans Vermächtnis

Zu Recha: „»Glaube mir, die Liebe ist ein starkes Band, manchmal noch stärker als Blut.«" (S. 232/29–30)		

Einige Figuren machen durch die Begegnung mit Nathan eine Wandlung durch. Ausschlaggebend dafür ist Nathans Handeln, seine Art, mit Menschen und Konflikten umzugehen.

Jeweils zwei Zitate treffen auf eine Figur zu. Sie bezeichnen je eine Ausgangssituation Ⓐ und eine Erkenntnis E. Ordne die Zitate den Figuren zunächst zu, trage die entsprechenden Nummern bei den Figuren ein. Erläutere dann, was zwischen den beiden Zitaten passiert ist, das zu einer Meinungsänderung bzw. Einstellungsänderung führte.

① Ⓐ „Er zerriss seine Kleider, er reckte die Fäuste, verfluchte die Christen und schwor ihnen ewigen, unversöhnlichen Hass und blutige Rache." (S. 46/10–12)	② E „Dieser Leu von Filnek also lachte über das ganze Gesicht und streckte Nathan beide Hände entgegen und Nathan begrüßte ihn so herzlich wie einen wiedergefundenen Sohn."(S. 221/1–4)	③ E „Der Sultan nickte lächelnd, [...] und legte Nathan den Arm um die Schulter, wie man einem Freund den Arm um die Schulter legt." (S. 222/9–12)
④ Ⓐ „»Ich brauche deinen Dank nicht, Jude, und erst recht nicht deinen Segen.«" (S. 102/22–23)	⑤ E „»Glaube mir, [...], das höchste Ziel der Menschen muss die Vernunft sein. Vernunft und Liebe zu anderen Menschen.«" (S. 48/12–14)	⑥ Ⓐ „»Du nennst dich also Nathan. Nathan der Weise.«" (S. 156/20)
○ **Nathan** ○	○ **Tempelritter** ○	○ **Saladin** ○

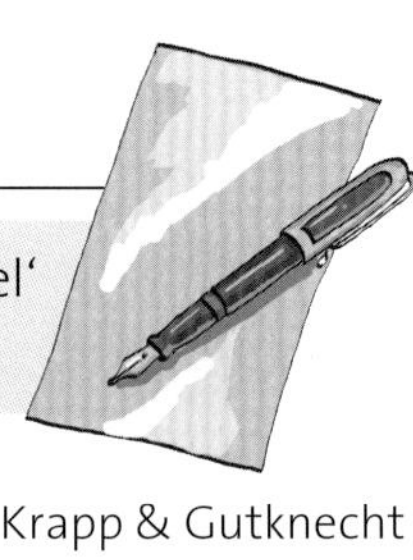

Versetze dich in eine der Figuren und erläutere aus deren Sicht, wie es zu diesem ‚Sinneswandel' kam, welche Ereignisse, welche Worte sie dazu bewegt haben, ihre Ansichten zu überdenken.

Nathans Vermächtnis

Kapitel 18 (S. 230–240)

Nathans Tod hinterlässt viele Spuren, aber auch Lücken. Der Abschied von ihm hat für seine Familie, aber auch für andere Figuren unterschiedliche Bedeutung.

Finde jeweils Überschriften, die die persönliche Bedeutung von Nathans Tod ausdrücken.

Figur	Überschrift
Recha	
Elijahu	
Daja	
Al-Hafi	Abschied von einem Freund, der unterschiedliche Lebenswege akzeptierte und in jedem zuerst den Menschen sah.
Leu von Filnek	
Saladin	
Geschem	

Nach allem, was du über die Beziehungen der Figuren zu Nathan weißt, sollst du sie noch ein paar letzte Worte an Nathan richten lassen. Vielleicht wäre es eine schöne Idee, eine Art Büchlein entstehen zu lassen, in das sich die Figuren eintragen.

- Lass Geschem zuerst schreiben. Überlege zunächst, welche Erinnerungen/Situationen er aufgreifen könnte. Formuliere anschließend den Eintrag, in dem Geschem Nathan direkt anspricht, als wollte er ihm das schon immer sagen. Vielleicht kannst du ihn auch grafisch entsprechend gestalten.
- Was würden Daja, Leu von Filnek und Saladin schreiben? Verteilt die Figuren in der Klasse und stellt am Ende gemeinsam das Büchlein zusammen.

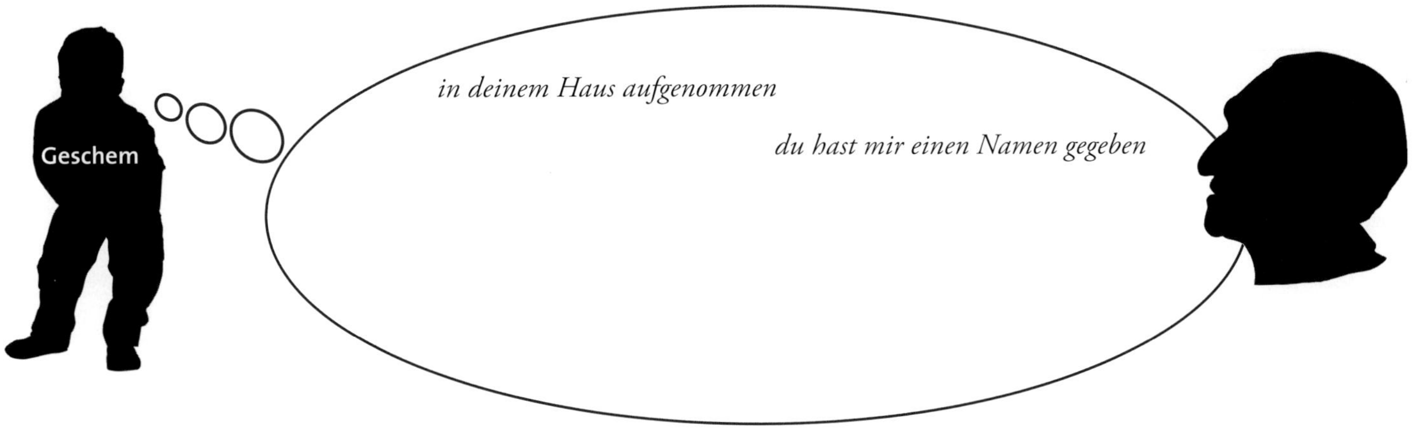

Beantworte nun Nathans wichtigste Frage, **was uns eigentlich zu Menschen macht,** in Form eines Artikels für die Schülerzeitung. Achte darauf, als Aufhänger eine typische Situation für Jugendliche zu verwenden, um deine Adressaten, nämlich junge Menschen, zu erreichen.

Kapitel 16 bis 18

Am Ende des Romans stellt sich die Frage nach der Zukunft der Figuren. Was wird aus ihnen? Wohin gehen sie? Mit wem stehen sie weiterhin in Verbindung? Welche neuen Aufgaben kommen auf sie zu? Wie verarbeiten sie Nathans Tod? Was wird aus Nathans Haus?

Stelle Überlegungen zur Zukunft der Figuren unter Einbeziehung der obigen Fragen an. Du kannst hierbei auch noch einmal Bezug auf die Motivsymbole, die dir während der Erschließung des Textes immer wieder begegnet sind, nehmen.

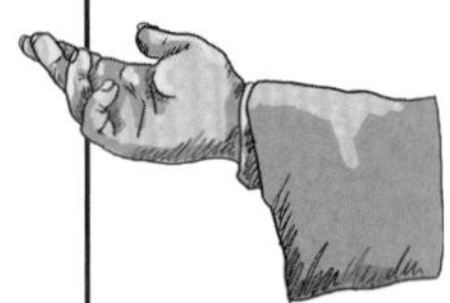

Recha

„Meine Rolle als Tochter war mir genommen und in der neuen, als Herrin des Hauses, fühlte ich mich noch nicht sicher.“ (S. 240/8 – 10)

Geschem

„Und als er sich neben mich setzte und meine Hand nahm, wusste ich, wohin ich gehörte.“ (S. 202/17 – 19)

Tempelritter

„Er trug nicht mehr den weißen Mantel mit dem roten Kreuz auf dem Rücken, sondern ein kostbares dunkles Gewand und einen weißen Turban.“ (S. 220/9 – 11)

Daja

„»Lass mich dabei sein«, [...] »Du bist ein junges Mädchen, du musst auf deinen Ruf achten.«“ (S. 243/23 – 24)

Elijahu

„»Natürlich bleibe ich bei dir. Sein großes Herz hat uns zu einer Familie gemacht.«“ (S. 241/20 – 21)

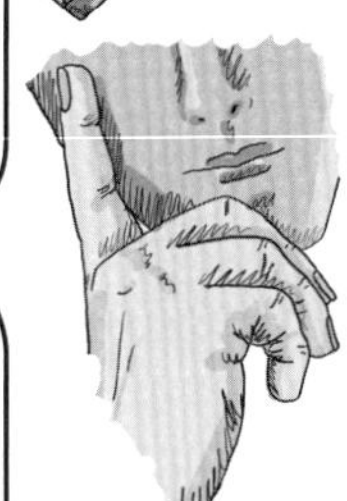

Saladin

„»[...], dass du dich immer an ihn wenden kannst, [...]«“ (S. 241/30 – 242/1)

Schreibaufgaben – Innerer Monolog

Der Tempelritter hat erfahren, dass Recha nicht Nathans Tochter ist und noch dazu Christin. Das erschüttert die Grundfesten seines Glaubens. Er hat Nathan als Freund gewonnen, ist nun aber von ihm enttäuscht und seine Gedanken und Gefühle fahren Achterbahn mit ihm. Deshalb irrt er ziellos durch die Straßen und gelangt an einen Platz, von dem aus er Jerusalem, die „Heilige Stadt", überblicken kann.

„Ich fühlte mich enttäuscht und betrogen, er hatte mir nicht die Wahrheit gesagt. Und ich hatte ihn bewundert und verehrt. Sollte Nathan sich nicht anders verhalten haben als mein Oheim? Hatte er wirklich ein Kind aufgezogen und es im Glauben gelassen, es sei seine Tochter? Warum? Warum hatte er alle belogen, Recha, mich, die ganze Welt?" (S. 179/15–21)

Der Tempelritter versucht, nun Antworten auf all diese Fragen zu finden. Er stellt einen Vergleich zwischen seiner Situation und der Rechas an. Dabei wird ihm klar, dass Nathan Recha geholfen hat, genauso wie ihm selbst Saladin geholfen hat. Doch das wirft neue Fragen auf.

Verfasse die Gedankengänge des jungen Tempelritters in einem inneren Monolog.

Mögliche Antworten auf die Fragen des Tempelritters:

Warum sagte Nathan nicht die Wahrheit?

- Niemand hat danach gefragt – ist es also überhaupt eine Lüge?
- Vielleicht spielte nicht die Abstammung, sondern die väterliche Liebe die Hauptrolle für Nathan.
- Welche Veränderungen hätten sich durch das Wissen für Recha ergeben?
-
-
-
-
-
-
-

Welche inhaltlichen Hinweise gibt die Grafik?

- alle Religionen in einer Stadt vereint
- eigentlich steht auch der Tempelritter zwischen den Religionen: aufgewachsen und erzogen als Christ – gehört aber eigentlich in die Familie eines Moslems (Saladins Neffe)
-
-
-
-
-
-
-
-

Tempelritter

- nicht beim leiblichen Vater aufgewachsen – ungeliebt
- man ließ ihn sein Anderssein spüren, vor allem sein Onkel Konrad von Stauffen
- er kennt seine wahre Herkunft lange nicht, erfährt sie durch einen Zufall
-
-

↔

Parallelen zwischen dem Tempelritter und Recha

↔

Recha

- nicht beim leiblichen Vater aufgewachsen
- geliebt wie das eigene Kind – in Geborgenheit
- kennt ihre wahre Herkunft lange nicht, erfährt sie nicht durch ihren Vater
-
-

In diesem inneren Monolog versucht der Tempelritter vordergründig Antworten auf seine Fragen zu finden, aber auch Gewissensfragen zu klären, die mit seinem Glauben und dem, was er für wahrhaftig und wichtig im Leben hält, zusammenhängen. Dabei entstehen neue Fragen und seine Verwirrung wird nicht gänzlich gelöst werden können.

Schreibaufgaben – Gespräch/Dialog

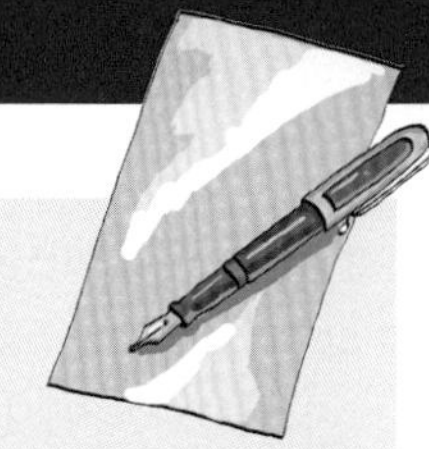

Geschem ist auf der Suche nach seinem Platz im Leben, nach dem Ort, wo er hingehört. Immer wieder holen ihn seine Erinnerungen an sein Leben vor der Aufnahme in Nathans Haus ein. Als man ihn nach seinem Namen fragt, gibt er den arabischen an. Geschem ist unsicher.

„Ich schämte mich, und zugleich schämte ich mich, weil ich mich schämte. Ich wusste doch selbst nicht, warum ich meinen arabischen Namen gesagt hatte. Ich hätte es gern ungeschehen gemacht. Und plötzlich kam mir der Gedanke, dass ich noch immer nicht wusste, wer ich war. Zwei Namen zu haben, war nicht besser als einer, es war fast so schlimm, wie gar keinen zu haben." (S. 198/2–9)

Geschem vertraut sich Elijahu an. Elijahu ist wie ein Vater zu ihm, Geschem blickt zu ihm auf. In diesem Gespräch unterhalten sie sich sowohl über die Vergangenheit als auch über Nathan und seine Tochter und darüber, was im Leben wirklich zählt.

Schreibe dieses Gespräch zwischen Elijahu und Geschem.

Im Zuge der Analyse dieses Schreibanlasses ergeben sich Fragen, die im Vorfeld oder auch während des Gesprächs beantwortet werden sollten.

Warum hat Elijahu Geschem damals mit in Nathans Haus genommen?

Wie wichtig ist es, einen Namen zu haben, und vor allem wofür ist es wichtig?

Kann ein Name Charakter und Religionszugehörigkeit ausdrücken?

Kann man sich einen Namen so leicht aussuchen wie seine Religion?

Woran erkennt man, dass man an einen Ort gehört, dass man sein Zuhause gefunden hat?

Was bedeuten Elijahu, Nathan, Recha und Zipora für Geschem?

Warum hat Geschem so lange gezögert, mit Elijahu zu sprechen?

Gibt es Parallelen zwischen Geschem und Recha?

Wie wird sich das Verhältnis der beiden zukünftig gestalten?

Schreibaufgabe: Dialog

= Gespräch zwischen zwei Figuren aus dem Buch, das dort nicht stattfindet, aber für die Erschließung der Handlung wichtig wäre; entsteht an einer bestimmten Stelle des Textes, um Emotionen oder Handlungsweisen zu ergründen, hervorzuheben bzw. zu erläutern und Schlussfolgerungen einer Figur ziehen zu lassen

Form:
- dramatische Textgestaltung
- Aufbau: Anlass – Diskussion – Ergebnis

Sprache:
- Sprache der Figuren entsprechend
- direkte Rede
- Fragen
- vorherrschende Tempusform: Präsens

Inhalt:
- Gespräch, Gedankenaustausch
- Handlungsbezug (auf konkrete Ereignisse eingehen)
- Aufgreifen und Erweitern von Aussagen (Reaktionen, Rückgriffe, Einwürfe)
- Charaktere, Einstellungen der Figuren verdeutlichen

Einzubeziehen:
- Situation, in der das Gespräch stattfindet
- Begleitumstände dieser Situation
- Gedanken beider Gesprächspartner in der Situation
- Personencharakteristik der entsprechenden Personen
- vergangenes und zukünftiges Geschehen
- Bezüge zu weiteren Personen

Dialog in einer Erzählung

Einen Dialog kann man auch als Prosatext verfassen, in dem neben dem eigentlichen Gespräch auch Ausschmückungen und Gedanken enthalten sind. Dadurch ändert sich die Schreibweise, die wörtliche Rede muss gekennzeichnet werden.

Recha sieht sich nach Nathans Tod in einer neuen Rolle. Er fehlt ihr als Ratgeber und natürlich als Vater. Sie erinnert sich an viele seiner Worte.

„»Wer du wirklich bist, kannst nur du herausfinden. Kein Vater kann seiner Tochter sagen, was für ein Mensch sie sein wird, selbst ein leiblicher Vater kann das nicht. Für mich bist du meine Tochter.«" (S. 246/5–9)

Als Recha über Geschem, den Tempelritter und ihren Vater nachdenkt, wünscht sie sich, sie könne ihm ihre Gedanken mitteilen. Sie würde ihm gerne sagen, was sie von ihm gelernt hat und wie sie zum Thema ‚Vater' steht.
Sie schreibt posthum einen Brief an ihren Vater, in dem vor allem ihre Dankbarkeit für alles, was er für sie getan hat, zum Ausdruck kommt.

Verfasse diesen persönlichen Brief.

Für die Untersuchung des Schreibanlasses und die Vorbereitung des Schreibens eignet sich eine Mindmap.

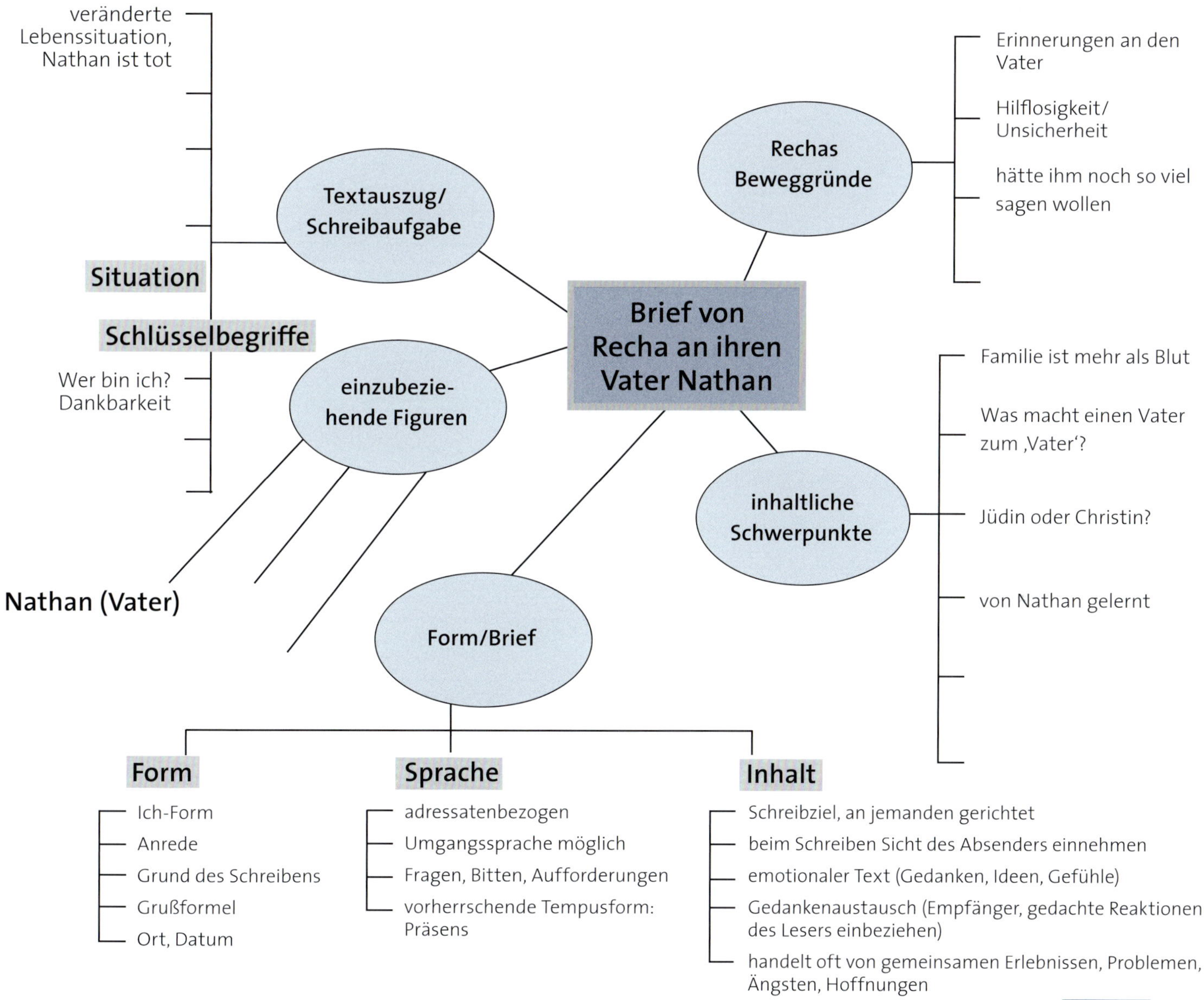

Tipp

Um die passende Schreibhaltung einzunehmen, ist es notwendig zu hinterfragen:

- In welcher Situation und Stimmung befindet sich die Figur im Moment des Nachdenkens?
- Auf welche Ereignisse muss dementsprechend in dem zu verfassenden Text eingegangen werden?
- Wie verhält/verhalten sich die Figur/en in dieser Situation?
- Löst diese Situation oder das Handeln der Figur/en einen Konflikt aus?
- Gäbe es alternative Handlungsweisen?
- Welche äußeren Einflüsse begleiten diese Situation?
- Was könnte nach dieser Situation geschehen?
- Welche Aspekte/Figuren müssen noch einbezogen werden?

Nathans Traum – nur ein Traum?

Al-Hafi hatte Nathan zu seinem Sieg im „Schachspiel“ gegen den Sultan beglückwünscht, Nathan hatte jedoch abgewehrt und von einem Traum gesprochen:

„»Du irrst dich, mein Freund. Es war kein Sieg, es war höchstens ein Remis. Es war nur eine Geschichte, nur ein Traum.« […] »Ich habe einen Traum, dass sich eines Tages die Menschheit erheben und die wahre Bedeutung ihres Glaubensbekenntnisses ausleben wird.«“ (S. 166/2 ff.)

Mirjam Presslers Nathan wird ermordet. Sind seine Gedanken und seine gelebte Menschlichkeit in unserer Zeit nur ein Traum? Was meinst du dazu? Halte deine Gedanken fest und tauscht euch aus.

Aktuelle Konflikte, Erscheinungen, die Nathans Zweifel zu bestätigen scheinen	**Hier zeigen sich Toleranz, gelingendes Miteinander, gelebter Glaube**

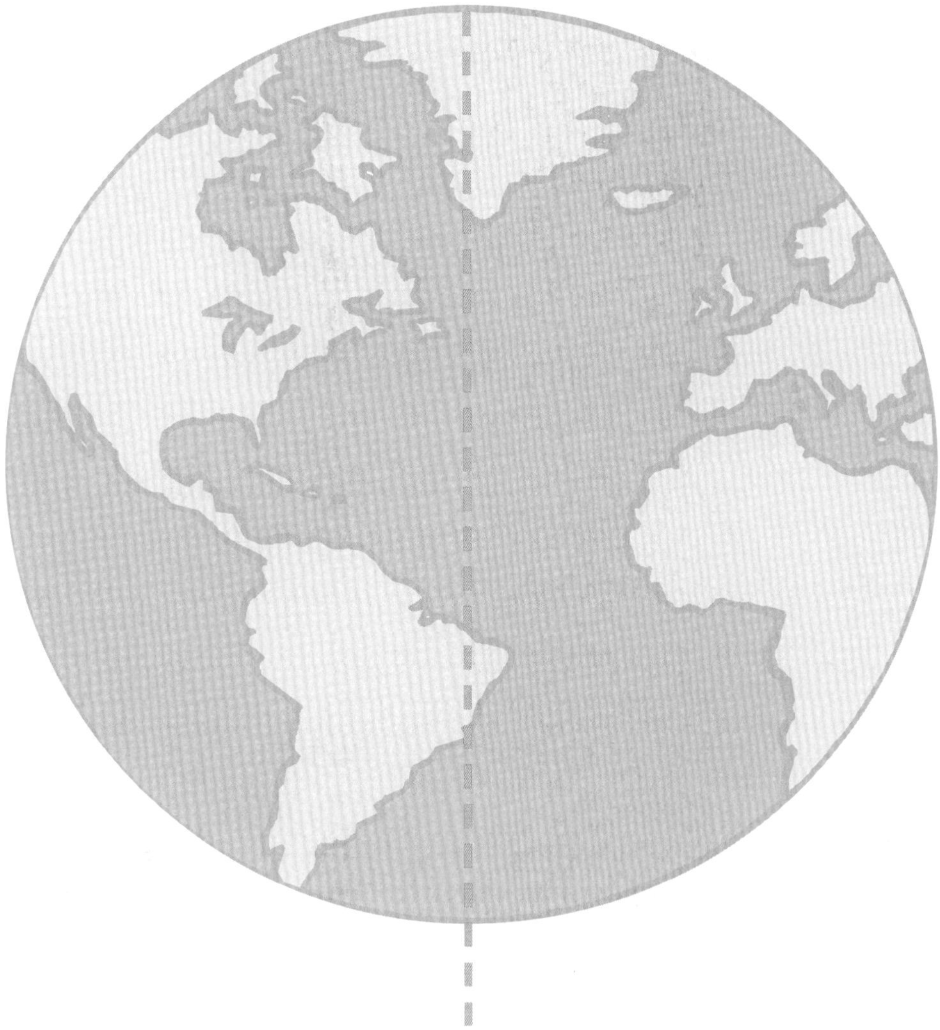

Wo und wie kannst du dazu beitragen, dass Nathans Traum gelebte Wirklichkeit wird?

Mirjam Pressler legt Nathan ein Zitat aus einer berühmten Rede Martin Luther Kings in den Mund:

„I Have a Dream“ ist der Titel einer berühmten Rede von Martin Luther King, Jr., gehalten am 28. August 1963 in Washington D. C., vor mehr als 250 000 Menschen. King flocht dabei Textstellen aus der Bibel, der Verfassung der USA und der Menschenrechtserklärung geschickt in seine Rede ein, um zu zeigen, dass die Gleichberechtigung der afroamerikanischen Bevölkerung der USA längst nicht verwirklicht war:

„Ich habe einen Traum, dass sich eines Tages diese Nation erheben wird und die wahre Bedeutung ihres Glaubensbekenntnisses ausleben wird: Wir halten diese Wahrheit für selbstverständlich: Alle Menschen sind als gleich erschaffen. Ich habe einen Traum, dass eines Tages auf den roten Hügeln von Georgia die Söhne früherer Sklaven und die Söhne früherer Sklavenhalter miteinander am Tisch der Brüderlichkeit sitzen können. […] Ich habe einen Traum, dass meine vier kleinen Kinder eines Tages in einer Nation leben werden, in der man sie nicht nach ihrer Hautfarbe, sondern nach ihrem Charakter beurteilt. Ich habe einen Traum, heute!“

Für seinen Einsatz für soziale Gerechtigkeit und Gleichberechtigung erhielt King 1964 den Friedensnobelpreis.

Der damalige US-Präsident John F. Kennedy unterstützte die Bürgerrechtsbewegung und brachte im Juni 1963 eine Gesetzesvorlage zur weitgehenden Gleichberechtigung auf den Weg, die am 19. Juni 1964 in Kraft trat. Dennoch dauerte es noch lange, bis die Gleichberechtigung aller Schwarzen in den USA gegen den heftigen Widerstand vieler Bundesstaaten, Richter, Politiker und Rassisten durchgesetzt werden konnte.

Am 4. April 1968 wurde King von einem Rassisten erschossen. Die Gerüchte über eine Verschwörung, in die die US-amerikanische Regierung durch das FBI verstrickt gewesen sein soll, verstummten jedoch nie.

John F. Kennedy hat das Inkrafttreten des Bürgerrechtsgesetzes nicht erlebt, da er am 22. November 1963 einem nie aufgeklärten Attentat zum Opfer fiel.

In einem Beitrag schrieb „Die Zeit“ anlässlich der Wahl Barack Obamas zum US-Präsidenten:

Barack Obama – Der weiß-schwarze Präsident

Barack Obama vollendet den Traum von der Sklavenbefreiung. Und passt doch in kein Schema

Jene, die am längsten auf diesen Tag hingearbeitet haben, können es bis zum Schluss nicht glauben: Amerikas Veteranen der Bürgerrechtsbewegung mögen noch Stunden nach dem endgültigen Wahlergebnis nicht fassen, was sich ereignet hat. Ein junges schwarzes Ehepaar ist auf dem Weg ins Weiße Haus. Vom Alter her könnten es ihre Kinder sein – und in gewisser Hinsicht sind sie es auch. Barack Obama ist Jahrgang 1961, Michelle Obama wurde 1964 geboren. Man muss ein paar Bilder und Schlagzeilen aus diesen Jahren hervorziehen, um das Staunen der älteren Afroamerikaner zu verstehen.

Von Andrea Böhm, DIE ZEIT, 06.11.2008 Nr. 46, http://www.zeit.de/2008/46/OBAMA-Schwarze-in-den-USA (20.03.2020)

Der deutsche Bundespräsident Christian Wulff hielt am 3. Oktober 2010 eine Rede zum 20. Jahrestag der deutschen Einheit. Darin hob er hervor (Auszüge):

„Vielfalt schätzen – Zusammenhalt fördern“

„Wir sind ein Volk!“ Dieser Ruf der Einheit muss heute eine Einladung sein an alle, die hier leben. Eine Einladung, die nicht gegründet ist auf Beliebigkeit, sondern auf Werten, die unser Land stark gemacht haben. Mit einem so verstandenen „wir“ wird Zusammenhalt gelingen – zwischen denen, die erst seit kurzem hier leben, und denen, die schon so lange einheimisch sind, dass sie vergessen haben, dass vielleicht auch ihre Vorfahren von auswärts kamen.

Wenn mir deutsche Musliminnen und Muslime schreiben: „Sie sind unser Präsident“ – dann antworte ich aus vollem Herzen: Ja, natürlich bin ich Ihr Präsident! Und zwar mit der Leidenschaft und Überzeugung, mit der ich der Präsident aller Menschen bin, die hier in Deutschland leben.

Ich habe mich gefreut über den offenen Brief einer Gruppe von Schülerinnen und Schülern mit familiären Wurzeln in 70 verschiedenen Ländern. […] Sie schreiben: „Für uns spielt keine Rolle, woher einer kommt, sondern vielmehr, wohin einer will. Wir glauben daran, dass wir gemeinsam unseren Weg finden werden. Wir wollen hier leben, denn wir sind Deutschland.“ […]

Wir sind Deutschland. Ja: Wir sind ein Volk. Weil diese Menschen mit ausländischen Wurzeln mir wichtig sind, will ich nicht, dass sie verletzt werden in durchaus notwendigen Debatten. Legendenbildungen, die Zementierung von Vorurteilen und Ausgrenzungen dürfen wir nicht zulassen. Das ist in unserem eigenen nationalen Interesse.

Denn die Zukunft, davon bin ich felsenfest überzeugt, gehört den Nationen, die offen sind für kulturelle Vielfalt, für neue Ideen und für die Auseinandersetzung mit Fremden und Fremdem. Deutschland – mit seinen Verbindungen in alle Welt – muss offen sein gegenüber denen, die aus allen Teilen der Welt zu uns kommen. Deutschland braucht sie! […]

Zu allererst brauchen wir aber eine klare Haltung. Ein Verständnis von Deutschland, das Zugehörigkeit nicht auf einen Pass, eine Familiengeschichte oder einen Glauben verengt, sondern breiter angelegt ist. Das Christentum gehört zweifelsfrei zu Deutschland. Das Judentum gehört zweifelsfrei zu Deutschland. Das ist unsere christlich-jüdische Geschichte. Aber der Islam gehört inzwischen auch zu Deutschland. […]

Wie haben es die Schüler gesagt? Wichtig ist, wohin einer will. Sie glauben daran, dass wir einen gemeinsamen Weg finden. Der gemeinsame Weg braucht dann aber auch Einigkeit über das gemeinsame Ziel.

Jetzt komme ich zur dritten Antwort auf unsere Ausgangsfrage. „Deutschland, einig Vaterland“, das heißt, unsere Verfassung und die in ihr festgeschriebenen Werte zu achten und zu schützen. Zu allererst die Würde eines jeden Menschen, aber auch die Meinungsfreiheit, die Glaubens- und Gewissensfreiheit, die Gleichberechtigung von Mann und Frau. Sich an unsere gemeinsamen Regeln zu halten und unsere Art zu leben, zu akzeptieren. Wer das nicht tut, wer unser Land und seine Werte verachtet, muss mit entschlossener Gegenwehr aller rechnen – das gilt für fundamentalistische ebenso wie für rechte oder linke Extremisten.

http://www.bundespraesident.de/SharedDocs/Reden/DE/Christian-Wulff/Reden/2010/10/20101003_Rede.html (20.03.2020).

Mirjam Pressler

© Karen Seggelke/Beltz & Gelberg

Mirjam Pressler gilt als eine der erfolgreichsten deutschen Kinder- und Jugendbuchautorinnen und erhielt viele Preise und Auszeichnungen, so für ihr Gesamtwerk den Deutschen Jugendliteraturpreis 2010 und für „Nathan und seine Kinder" die CORINE 2009, den Jugendbuchpreis der Waldemar-Bonsels-Stiftung. Mirjam Pressler starb am 16. Januar 2019.

Interview mit Mirjam Pressler

Auszüge aus einem Interview von Corinna Abbassi-Götte mit Mirjam Pressler in 2009

Jugendbuch-Couch: Ihr aktuelles Buch „Nathan und seine Kinder" basiert auf Ephraim Lessings Drama „Nathan der Weise". Was an dieser Geschichte hat Sie so beeindruckt, dass Sie auf die Idee gekommen sind, einen Roman daraus zu machen?

Mirjam Pressler: Der wichtigste Grund war wohl die Ring-parabel. Sie gehört meiner Meinung nach zu den Geschichten, die unbedingt tradiert werden müssen, und Geschichten, die man nicht immer wieder neu erzählt, sterben irgendwann.

Jugendbuch-Couch: In Ihrer Nachbemerkung schildern Sie, dass Sie nicht nur die Figuren lebendiger gestalten, sondern ebenso den historischen Hintergrund erhellen wollten. Auf welche Weise haben Sie sich mit dem Orient auseinandergesetzt, um die Atmosphäre für die Leser greifbar zu machen? Wie ist es Ihnen gelungen, ein Gefühl für die Zeit zu entwickeln? Welche sprachlichen Herausforderungen haben sich gestellt?

Mirjam Pressler: Nun, ich kenne Israel gut, ich bin oft dort und habe auch schon dort gelebt. Und natürlich habe ich sehr viel gelesen, über die Zeit, über die Kreuzzüge, über die Verhältnisse damals. Die sprachliche Herausforderung war, eine Ebene zu finden, die auf keinen Fall modern ist und andererseits nicht altertümlich, eben lesbar und für mein Gefühl angemessen.

Jugendbuch-Couch: Bei der Ausgestaltung welcher Figur hatten Sie die meiste Freude, und gab es vielleicht eine Figur, die Ihnen rückblickend die meiste ‚Arbeit' gemacht hat?

Mirjam Pressler: Am meisten Freude hat mir Geschem gemacht. ‚Arbeit' war eher die Figur Saladins, über die ich besonders viel lesen musste.

[...]

Jugendbuch-Couch: Warum haben Sie sich dazu entschieden, die Geschichte Nathans anders als Lessing enden zu lassen?

Mirjam Pressler: Weil mir Lessings Ende unlogisch erschien, zu märchenhaft. Heute muss man eine solche Geschichte eben anders erzählen.

[...]

www

Auf ihrer Homepage wird Mirjam Pressler und ihr Werk vorgestellt:
http://www.mirjampressler.de/

Auf der Homepage ihres Verlags, dem BELTZ-Verlag, kannst du dich über ihre Bücher näher informieren:
https://www.beltz.de/kinder_jugendbuch/unsere_autoren/autorenseite/141-mirjam_pressler.html

Auch Wikipedia stellt die erfolgreiche Autorin, ihre Titel und ihre vielen Auszeichnungen vor:
http://de.wikipedia.org/wiki/Mirjam_Pressler

Jugendbuch-Couch: Haben Sie eine bestimmte Arbeitsweise oder einen groben Plan, nach dem Sie beim Schreiben vorgehen? Wie sieht Ihr Arbeitsalltag aus?

Mirjam Pressler: Ich habe nicht wirklich einen Plan, ich schreibe als Leserin. Das heißt, ich schreibe etwas, lese es durch, ändere, schreibe etwas dazu, lese wieder, so lange, bis sich der Text so liest, wie ich ihn lesen möchte.

Jugendbuch-Couch: Können Sie noch sagen, wie viel Zeit insgesamt vergangen ist – von der Idee über die Recherche bis zu dem Moment, als sie das erste Exemplar von „Nathan und seine Kinder" in den Händen hielten?

Mirjam Pressler: Mindestens ein Jahr.

[...]

Jugendbuch-Couch: In Ihrer Bibliografie finden sich immer wieder Romane, die sich mit der Geschichte der Juden auseinandersetzen. Vor allem mit Anne Frank haben Sie sich intensiv auseinandergesetzt und schließlich ihre Biografie „Ich sehne mich so" herausgegeben. Ich habe gelesen, dass Sie für ein Jahr in einem Kibbuz in Israel gelebt haben. Wie ist es dazu gekommen?

Mirjam Pressler: Ich bin Jüdin, das ist vermutlich der Grund dafür, dass mich diese Themen besonders interessieren. Kibbuzim waren landwirtschaftliche Gemeinschaftssiedlungen ohne jede Hierarchie. Die Mitglieder haben gemeinsam gearbeitet, gemeinsam gegessen und gemeinsam ihre Kinder aufgezogen. Privateigentum gab es nicht. Ich fand diese Vorstellung sehr anziehend und wollte eigentlich für immer bleiben, musste aber feststellen, dass meine – nennen wir es mal soziale Reife – diesem Wunsch nicht gewachsen war. [...]

Jugendbuch-Couch: Haben Sie vielleicht einmal mit dem Gedanken gespielt, ganz nach Israel auszuwandern?

Mirjam Pressler: Ja, immer wieder einmal.

Jugendbuch-Couch: Gibt es vielleicht etwas in der israelischen Lebensweise, dass Sie in Deutschland vermissen?

Mirjam Pressler: Die Direktheit, die Unbefangenheit, die schnell geäußerte Freude.

Jugendbuch-Couch: Ist es Ihnen aufgrund Ihrer Erfahrungen in Israel ein Anliegen, vor allem Jugendliche für die Geschichte der Juden zu sensibilisieren?

Mirjam Pressler: Das ist mir sowieso ein Anliegen. Die Vernichtung der Juden und der Zweite Weltkrieg waren das Entscheidende und Folgenreichste, was im 20. Jahrhundert passiert ist und darf nie vergessen werden.

[...]

Jugendbuch-Couch: „Nathan und seine Kinder“ ist zuletzt mit dem CORINE Internationaler Buchpreis 2009 ausgezeichnet worden, doch dies war ja keinesfalls die erste Auszeichnung, die dieser Titel bekommen hat. Und vor allem ist es auch nicht die einzige Auszeichnung, die Sie als Schriftstellerin bekommen haben. Was ist das für ein Gefühl, für sein Werk mit einer Auszeichnung versehen zu werden? Gibt es vielleicht eine bestimmte Auszeichnung, auf die Sie ganz besonders stolz sind?

Mirjam Pressler: Eine Auszeichnung zu bekommen ist natürlich wunderbar, man fühlt sich bestätigt, akzeptiert und so weiter. Aber dieses Gefühl hält zum Glück nicht so lange an, dass man hochnäsig wird. Der wichtigste Preis war sicher der erste, der Oldenburger Jugendbuchpreis. Denn wer braucht einen Preis nötiger als ein Anfänger?

[...]

Jugendbuch-Couch: Gibt es vielleicht noch etwas, das Sie Ihren Lesern gern sagen möchten?

Mirjam Pressler: Ja, lest, lest, lest!

Jugendbuch-Couch: Vielen Dank, dass Sie sich die Zeit genommen haben, um meine Fragen zu beantworten!

Dezember 2009

Auf den Seiten 53 bis 56 und auf dem Umschlag befinden sich Informationen über Mirjam Pressler, zu ihren Motiven, den Roman „Nathan und seine Kinder“ zu schreiben, und zu Gotthold Ephraim Lessings Drama „Nathan der Weise“.

Einige Anregungen dazu:

Seite 53:

- Mirjam Pressler legt Nathan die berühmten Worte Martin Luther Kings „I have a dream“ in den Mund. Inwieweit ist Martin Luther Kings Traum in Erfüllung gegangen – gibt es diese Hoffnung auch im Sinne Nathans?
- Die Rede des Bundespräsidenten Christian Wulff löste ein breites Echo aus. Wie stehst du zu seinen Aussagen?

Seite 54 bis 56, Umschlag:

- Mirjam Pressler änderte den Schluss ihres Romans gegenüber dem Drama ab. Hast du eine Erklärung dafür? Warum könnte sie ihren Roman „Nathan und seine Kinder“ betitelt haben? Beachte auch, wie sich die Autorin im Interview über Figuren, und wie sie sich diesen annäherte, äußert. Du kannst auch nachlesen, welche Figuren sich im Roman und im Drama unterscheiden (Umschlagseite).
- Lessing war ein Vertreter der Epoche der Aufklärung. Versuche seine Gedanken über ‚Wahrheit und Anstrengung‘ und über ‚Toleranz‘ auf dich zu übertragen.
- „Lest, lest, lest!“ gibt Mirjam Pressler Jugendlichen als Anregung. Womit könntest du ihre Anregung begründen?

Mirjam Pressler wurde zu ihrem Roman „Nathan und seine Kinder" durch Lessings weltbekanntes Drama „Nathan der Weise" angeregt. Vor allem die darin erzählte „Ringparabel" faszinierte sie.

Briefmarke der Deutschen Post der DDR
Ausgabepreis: 70 Pfennig
Erstausgabetag: 20. März 1979
Entwurf: Gerhard Stauf.
Gemeinfrei da amtliches Werk.

Lessing und die Gedanken der Aufklärung

Lessing schrieb sein „Ideenstück" 1779 als „dramatisches Gedicht in fünf Aufzügen", um die Gedanken der Aufklärung, des Humanismus und der Toleranz darzustellen und zu verbreiten. Seit seiner Uraufführung am 14. April 1783 ist es immer wieder inszeniert und auf der Bühne gespielt worden. Im Zentrum von Lessings „Nathan der Weise" steht im dritten Aufzug die „Ringparabel", die Geschichte von den drei Ringen, die sich nicht unterscheiden lassen. Auch Lessing bediente sich einer Vorlage, er verwendete abgewandelt die Parabel aus der dritten Geschichte von Giovanni Boccaccios „Decamerone". Die Herkunft der drei nicht unterscheidbaren Ringe liegt vermutlich in einer jüdischen Erzählung aus dem 12. Jahrhundert.

Lessing beschäftigte sich mit der Frage: „Was ist Wahrheit?" Er war sich sicher, dass es eine absolute Wahrheit nicht gibt, man müsse immer viele Seiten und Betroffene berücksichtigen. Folglich ist es für uns Menschen wichtig, uns zu bemühen, uns dieser Wahrheit anzunähern. Das bedeutet immer wieder, zu schauen und zu prüfen, wie ein Sachverhalt oder ein Problem ist. Wer meint, er „besitze" die Wahrheit, strengt sich nicht mehr an und gerät in Gefahr, intolerant und ungerecht zu werden.

In der „Duplik", 1778 erschienen, schreibt er:

„Nicht die Wahrheit, in deren Besitz irgend ein Mensch ist, oder zu sein vermeinet, sondern die aufrichtige Mühe, die er angewandt hat, hinter die Wahrheit zu kommen, macht den Wert des Menschen. [...] Wenn Gott in seiner Rechten alle Wahrheit, und in seiner Linken den einzigen immer regen Trieb nach Wahrheit, obschon mit dem Zusatze, mich immer und ewig zu irren, verschlossen hielte, und spräche zu mir: wähle! Ich fiele ihm mit Demut in seine Linke, und sagte: Vater gieb! die reine Wahrheit ist ja doch nur für dich allein!"

Auch mit der Religion und dem Islam beschäftigte sich Lessing intensiv. Ihn störten Bezeichnungen wie „Andersgläubige" oder die Herabwürdigung, sie hätten nicht den „richtigen Glauben".

Toleranz war für Lessing viel mehr als „Duldung" eines anderen Glaubens, einer anderen Meinung oder Lebensweise. Er sah in einem anderen Glauben immer auch deren Berechtigung. Deshalb sei dieser zu tolerieren, weil auch er sich um Wahrheit bemühe. Er ging noch weiter: Man müsse sich mit der anderen Haltung, dem anderen Glauben beschäftigen, weil man dadurch selbst dazulernen könne und so der Wahrheit näherkomme. Wer zur Erkenntnis gelangen will, muss das Andere studieren! Dazu gehörten Respekt und Anerkennung. Toleranz müsse über die Duldung hinaus zu Respekt und zu Anerkennung führen.

Lessing trat daher auch den zu seiner Zeit weit verbreiteten Vorurteilen entgegen, Muslime seien Barbaren und der Koran nicht vernünftig, ebenso stellte er sich gegen antisemitische Haltungen.

Entsprechend seiner Forderung, sich anzustrengen und das Fremde zu studieren, um dazuzulernen, studierte er islamische Philosophie und fand so viel, was er für sich übernehmen konnte.

Mit seinem Drama „Nathan der Weise" hielt er der damaligen christlichen Welt einen kritischen Spiegel vor: Die „Anderen", die Juden und Muslime, erweisen sich darin als aufgeklärt und tolerant – der christliche Patriarch als intolerant und als ein gefährlicher Intrigant.

